Carl-Auer

Reteaming

Wilhelm Geisbauer (Hrsg.)

Methodenhandbuch zur lösungsorientierten Beratung

Zweite, überarbeitete und erweiterte Auflage
2006

Über alle Rechte der deutschen Ausgabe verfügt Carl-Auer-Systeme
Verlag und Verlagsbuchhandlung GmbH Heidelberg
Fotomechanische Wiedergabe nur mit Genehmigung des Verlages
Satz: Verlagsservice Hegele, Dossenheim
Umschlaggestaltung: Goebel/Riemer
Druck und Bindung: Freiburger Graphische Betriebe, www.fgb.de

ISBN 13: 978-3-89670-564-8
ISBN 10: 3-89670-564-4

Zweite, überarb. u. erw. Auflage 2006
© 2006 Carl-Auer-Systeme, Heidelberg

Bibliografische Information Der Deutschen Bibliothek
Die Deutsche Bibliothek verzeichnet diese Publikation
in der Deutschen Nationalbibliografie; detaillierte bibliografische
Daten sind im Internet über http://dnb.ddb.de abrufbar.

Informationen zu unserem gesamten Programm, unseren Autoren
und zum Verlag finden sie unter: **www.carl-auer.de**.

Wenn Sie unseren Newsletter zu aktuellen Neuerscheinungen
und anderen Neuigkeiten abonnieren möchten, schicken Sie
einfach eine leere E-Mail an: **carl-auer-info-on@carl-auer.de**.

Carl-Auer Verlag
Häusserstraße 14
69115 Heidelberg
Tel. 0 62 21-64 38 0
Fax 0 62 21-64 38 22
E-Mail: info@carl-auer.de

Inhalt

Danksagung ... 8
Vorwort ... 9

Einleitung ... 11
  Was ist Reteaming? ... 11
  Um welchen methodischen Ansatz geht es? ... 12
  Für wen ist dieses Buch gedacht? ... 12
  Für wen ist dieses Buch nicht geschrieben? ... 12
  Wie ist das Buch aufgebaut? ... 13
  Danksagung ... 15
  Was Ihnen die Autoren noch wünschen möchten ... 15

Wilhelm Geisbauer
1 Das Reteaming-Konzept ... 16
  1.1 Die Methode ... 17
  1.2 Der Coach und seine Beziehung zum Klientensystem ... 23
  1.3 Lösungen und die „Logik des Gelingens" ... 27
  1.4 Zusammenfassung ... 28

Wilhelm Geisbauer
2 Eine Guideline für Coachs ... 31
  2.1 Vorannahmen ... 31
  2.2 Contracting ... 32
  2.3 Wenn einfach alles stimmt ... 34
  2.4 Einmal scheitern, bitte! ... 35
  2.5 Beispiele aus der Praxis ... 36
  2.6 Stuck state & Co ... 41
  2.7 Checkliste ... 41
  2.8 Lösungsorientierte Fragen ... 42
  2.9 Der Reteaming-Workshop ... 45
  2.10 Exkurs Beratungsansätze ... 51
  2.11 Was es in Teams noch zu beachten gibt ... 51
  2.12 Pausen ... 53
  2.13 Fallbeispiel ... 53
  2.14 Zusammenfassung ... 55

Inhalt

Wilhelm Geisbauer
3 Reflexion ... 56
3.1 Selbstreflexion ... 56
3.2 Reflexion mit Supervisor ... 57
3.3 Reflexion im Reflecting Team ... 57
3.4 Exkurs: Scheitern und Gelingen von Veränderungsprozessen am Beispiel Geschäftsprozessmanagement ... 59

Harry Merl
4 Lösungsorientiertes ökosystemisches Denken ... 62
4.1 Reteaming, Ökologien und Optimierungstendenzen ... 62
4.2 Der Traum vom gelungenen Selbst ... 63
4.3 Ein dynamisches Miteinander ... 66
4.4 Die vier Phasen des Reteamings ... 70

Wilhelm Geisbauer
5 Reteaming und Gesundheit ... 73
5.1 Gesund – krank ... 73
5.2 Salutogenese ... 74
5.3 Reteaming und Kohärenzgefühl ... 75
5.4 Zusammenfassung ... 77

Ernst Aumüller
6 Führen mit Reteaming ... 79
6.1 Reteaming und der Traum vom gelungenen Führen ... 79
6.2 Das Rollenset der Führungskraft ... 87

Angelika Mittelmann
7 Wissensmanagement im Reteaming-Prozess ... 99
7.1 Motivation ... 99
7.2 Grundbegriffe ... 99
7.3 Methoden und Tools für Coachs ... 101
7.4 Methoden und Tools im Reteaming-Prozess ... 106
7.5 Zusammenfassung ... 117

Gerhard Hochreiter
8 Reteaming – lösungsorientierte Teamchoreographien gestalten Lösungsspielräume für Teams im Kontext von Personen und von Organisation ... 119
8.1 Teams – gibt's die wirklich? ... 120
8.2 Das Team lebt mit Hierarchie, Unternehmenszielen und bestimmten Akteuren: Teams im Kontext von Organisation und Person ... 122
8.3 Lösungsorientierte Teamchoreographien mit Reteaming ... 126
8.4 Resümee ... 132

Thomas Pollmann
9 Erfahrungen mit Reteaming ... 133
    9.1 Organisationssimulationsseminar ... 133
    9.2 Top – flop – top again: Eine Recherche ... 143

Wilhelm Geisbauer
10 Zusammenfassung ... 147
    10.1 Ausklang ... 147
    10.2 Zitate ... 148
    10.3 Dialog ... 148

Wilhelm Geisbauer
11 Anhang: Tools ... 150
    11.1 Strategie ... 151
    11.2 Struktur ... 156
    11.3 Kultur ... 159

Literatur ... 162
Über die Autoren ... 170
Über den Herausgeber ... 172

Danksagung

Für die Idee zum Schreiben, die fachliche Unterstützung für die Arbeit zu diesem Buch und seinen Theoriebeitrag danke ich ganz besonders Univ.-Doz. Dr. Harry Merl, für die Einführung in die und Begeisterung für die systemische Beratung Prof. Dr. Fritz B. Simon, ebenso dem Autorenteam mit Dipl.-Ing. Dr. Angelika Mittelmann, Dipl.-Päd. Ernst Aumüller, Dr. Gerhard Hochreiter, Dr. Thomas Pollmann und Mag. Peter Wagner für ihre Beiträge und die kreativen und intensiven Lernerfahrungen, meinem Freund Helmut Bammer für den IT-Support und die wertvollen Anregungen. Für die wissenschaftlich-fachlichen, aber auch pragmatischen Inputs, vor allem das Geschäftsprozessmanagement betreffend, Prof. Dr. Markus Gappmaier, Prof. Dr. Alfred Janes für die produktive, kritische inhaltliche Auseinandersetzung mit Reteaming, für das motivierende Nachfragen nach dem Gedeihen des Buches meinem Freund Mag. Werner Pürstinger, für das stets vorhandene Entgegenkommen, den Humor und die minutiöse Abstimmung meiner Arbeit mit den Konzepten lösungsorientierter Familientherapie meinen finnischen Freunden und Urhebern von Reteaming, Dr. Ben Furman und Dr. Tapani Ahola, meinen zahlreichen Kunden für das entgegengebrachte Vertrauen in lösungsorientiertes Arbeiten und last, but not least für das Vertrauen meiner Frau Marianne und meiner Töchter Gudrun und Eva in meine Arbeit, ihre wertvollen Hinweise und die mir zuteil gewordene Geduld.

Vorwort

Als wir *Reteaming* hier in Finnland entwickelten, um damit die Funktionsweise von Arbeitsgruppen und Teams zu verbessern, hatten wir einen Traum. In diesem Traum erwies sich Reteaming als ein solch positiver und starker Ansatz der Teamentwicklung und Organisationsveränderung, dass ihn bald jedermann sich zu Eigen machen und er überall angewendet werden würde. Wir waren so begeistert darüber, wie gut die lösungsorientierte Psychologie den Erfordernissen der Organisationsentwicklung zu entsprechen schien.

Natürlich erfüllte sich unser Traum nicht ganz so, wie wir uns das vorgestellt hatten. Seit vielen Jahren machen wir nun schon auf die Reteaming-Methode aufmerksam, und diese Aufgabe wird noch einige Zeit in Anspruch nehmen. Wir haben eine reiche Auswahl von Materialien erstellt: verschiedene Arbeitsbücher, eindrucksvolle Foliensätze und auch ein hübsches Reteaming-Poster. Doch keine noch so nützliche Methode wird allein mithilfe großartiger Materialien weitergegeben und akzeptiert – gleichgültig, wie beeindruckend sie ist.

Wenn man Reteaming weithin für einen wahrhaft revolutionären Ansatz hält, der konstruktive Veränderungen initiiert und verstehen hilft, liegt das nicht daran, dass wir am *Finish Brief Therapy Institute* so fleißig gutes Lehrmaterial produzieren, sondern weil es gute Lehrer gibt, die andere Menschen so unterweisen können, als ob sie Reteaming „in echt" erlebten. Man muss, um die Eindrücklichkeit der Methode zu erleben, „reteamed" worden sein, d. h., man muss am eigenen Leib erfahren haben, was es bedeutet, den Entwicklungsprozess auf eine wirklich lösungsorientierte Weise selbst zu lenken.

Wilhelm Geisbauer ist ein hervorragender Lehrer. Gemeinsam mit Dr. Harry Merl hat er in Österreich und den anderen deutschsprachigen Ländern schon fast eine Reteaming-Bewegung ausgelöst.

Vorwort

Mit Wilhelm Geisbauer hat es etwas Besonderes auf sich. Man könnte eigentlich sagen, dass er Reteaming nicht nur lehrt – sondern Reteaming verkörpert. Damit meine ich, dass er die Reteaming-Prinzipien – oder, wenn Sie so wollen, die lösungsorientierte Kommunikation – in der alltäglichen Interaktion mit anderen praktisch anwendet. Wenn man mit Wilhelm Geisbauer Reteaming lernt, ist das vermutlich nicht nur Reteaming lernen, sondern es mit jemandem erleben, der die methodischen Prinzipien auf natürliche Weise internalisiert hat. Mit Sicherheit haben die Trainer, die von Wilhelm Geisbauer ausgebildet worden sind, nicht nur Reteaming gelernt, sondern sich auch konstruktive Einstellungen angeeignet, wie der Autor sie in seiner sanften und respektvollen Art reflektiert.

So viel zu Wilhelm Geisbauer. Hinzufügen möchte ich, dass ich dieses Buch, in das der Herausgeber viel Arbeit investiert hat, für sehr gut halte und dass es für Reteaming-Trainer im gesamten deutschsprachigen Raum eine wertvolle Hilfe sein wird. Ich hoffe, dass es rechtzeitig ins Englische übersetzt wird, damit es auch der übrigen wachsenden Gemeinde von Reteaming-Coachs zur Verfügung steht.

Du hast gute Arbeit geleistet, Willi!

Ben Furman
Helsinki, Mai 2004

(Übersetzung: Astrid Hildenbrand)

Einleitung

„Keiner ist für das Problem, jeder aber für die Lösung verantwortlich."

Ben Furman

WAS IST RETEAMING?

Gut gemeinte Versuche, den Teamgeist zu stärken und das Arbeitsumfeld zu verbessern, können leicht fehlschlagen. Die traditionelle Herangehensweise zur Bearbeitung zwischenmenschlicher Probleme beruht auf der Vorstellung, man müsse diese erst genau aufzeichnen und analysieren, bevor man sie lösen könne. Dabei entstehen aber unvermeidlich Schuldzuweisungen und Rechtfertigungen der Betroffenen, die zu einer Atmosphäre führen, in der Zusammenarbeit erstickt, Kreativität beeinträchtigt und die Motivation gestört wird.

Reteaming hingegen schafft einen Bezugsrahmen, der durch radikale Zukunfts- und Lösungsorientierung menschliche Systeme anregt, die gewünschten Veränderungen zustande zu bringen, und dabei auf eine Problemanalyse ganz verzichtet. Dies entspricht dem Ansatz von Insoo Kim Berg und Steve de Shazer, wonach Menschen grundsätzlich vorwärtsorientiert sind, um Ziele zu erreichen, wenn Sie nicht durch Probleme oder Helfer, die sich auf Probleme statt auf Lösungen konzentrieren, daran gehindert werden.

Reteaming ist ein lösungsorientiertes Programm zum Teamaufbau, zur Gestaltung von Veränderungsprozessen und zur Verbesserung der Arbeitsplatzatmosphäre, entwickelt von Ben Furman, Psychiater, und Tapani Ahola, Sozialpsychologe, beide Ko-Direktoren des *Instituts für Kurztherapie* in Helsinki.

Ursprünglich wurde die Bezeichnung „Reteaming" geprägt, um die Arbeit mit Teams bei Firmen zu benennen, in denen größere organisatorische Veränderungen stattgefunden hatten. Reteaming be-

Einleitung

deutete, dass das Funktionieren neu geformter oder reorganisierter Arbeitsgruppen verbessert wurde. Es dauerte nicht lange, bis klar wurde, dass das Reteaming-Konzept in der Lage war, viel mehr zu leisten. Es hat sich als wirksame Methode erwiesen, um die Zusammenarbeit zwischen den Teammitgliedern zu verbessern, den gegenseitigen Respekt zu fördern und kreatives Problemlösen zu lehren.

UM WELCHEN METHODISCHEN ANSATZ GEHT ES?

Reteaming stützt sich einerseits auf die Konzepte der systemisch lösungsorientierten Familientherapie von Harry Merl, Ben Furman und Tapani Ahola, Bill O'Hanlon, Steve de Shazer und Insoo Kim Berg, andererseits greift es auf die bewährten Ansätze der „klassischen" systemischen Organisationsberatung zurück. Sodass eine innovative Organisationsentwicklungsausprägung mit Reteaming entstehen konnte, deren Merkmale sind: konsequente Ziel- und Ressourcenorientierung, Setbackstrategien und Fortschrittsmonitoring, während auf alle Analyse-Elemente verzichtet wurde. Der Ansatz ist *"simple but not easy"* (Steve de Shazer).

FÜR WEN IST DIESES BUCH GEDACHT?

Dieses Buch wendet sich an Organisationsberater (Erfahrene und Neueinsteiger), Projektmanager, Personal- und Systementwickler, Führungskräfte, Therapeuten, Studierende, kurz, an all jene Menschen, die mit Veränderungsprozessen in menschlichen Systemen beschäftigt sind und ihr diesbezügliches Repertoire erweitern wollen.

FÜR WEN IST DIESES BUCH NICHT GESCHRIEBEN?

Für Menschen,

- die gerne hochkomplexe, schwer verständliche Problemanalyseverfahren studieren und anwenden möchten,
- die glauben, alle „echten" Veränderungsprozesse dauerten Monate, vorzugsweise Jahre,

– die ihre Problemorientierung gerne beibehalten möchten,
– die annehmen, hinter jedem wahrgenommenen Problem wirke ein viel größeres, verstecktes Problem im Hintergrund.

WIE IST DAS BUCH AUFGEBAUT?

Das Buch gliedert sich in die folgenden Kapitel:

1. Das Reteaming-Konzept
Das Einführungskapitel beschreibt die Methode des Reteaming anhand der Grundannahmen, von denen sie ausgeht, und der wichtigsten Vorgehensweisen. Besondere Aufmerksamkeit wird auf die Beziehung des Coachs zum Klientensystem gerichtet.

2. Eine Guideline für Coachs
Ganz pragmatisch sind hier Reteaming-Prozessmodelle vom Contracting bis hin zur Durchführung von Workshops dargestellt. Darüber hinaus finden sich Anregungen, welche Fragen die Entstehung von Zielen und Lösungen begünstigen, welche Haltungen von Coachs den Veränderungsprozessen nutzen und was es in Teams noch zu beachten gibt.

3. Reflexion
Learning by doing fassen wir als die eine Seite des Lernprozesses auf, Reflexion der Arbeit des Coachs als die andere. Das Kapitel bietet Möglichkeiten der Selbstreflexion bis hin zum Reflecting Team an. Welche Bedingungen für das Gelingen bzw. Scheitern von Veränderungsprozessen maßgeblich sein können, zeigt außerdem Markus Gappmaier in einem Exkurs am Ende des Kapitels.

4. Lösungsorientiertes ökosystemisches Denken
Es war Harry Merl, einer der Pioniere lösungsorientierter Psychotherapie, der Reteaming für den deutschsprachigen Raum entdeckte. Überraschend dabei war die Übereinstimmung seiner im Laufe von 30 Praxisjahren gewonnenen Erkenntnisse – zusammengefasst im Theoriemodell „ökosystemisches Denken" – mit dem Konzept von Reteaming.

Einleitung

5. Reteaming und Gesundheit
Kann Reteaming die Gesundheit der Menschen in Teams fördern? Dieser Beitrag befasst sich mit den Möglichkeiten der Methode Reteaming, das – nach dem Salutogenese-Konzept A. Antonovskys – für die Gesundheit maßgebliche Kohärenzgefühl anzuregen.

6. Führen mit Reteaming
Weil wir annehmen, dass Führungskräfte als Key Player in Teambildungsprozessen wirken, beschäftigt sich Ernst Aumüller mit der Frage, welchen Nutzen oder Gewinn die lösungsorientierte Haltung einer Führungskraft für das Führungsgeschehen haben kann. Da er über acht Jahre als Personal- und Bildungsmanager in einem Konzern tätig war, ist es für ihn nahe liegend, die Antwort darauf auch im Hinblick auf die tatsächlich erlebte Führungspraxis zu geben.

7. Wissensmanagement im Reteaming-Prozess
Wie bei jedem anderen (Geschäfts-)Prozess hängt auch der Erfolg des Reteaming-Prozesses nicht zuletzt von der Qualität der Informationen und des Wissens ab, die dabei identifiziert, entwickelt, gesichert und weitergegeben werden. Daher kann es für den professionellen Reteaming-Coach von Interesse sein, wie er Wissensmanagement im Rahmen seiner Beratung für sich und seine Klienten Gewinn bringend einsetzen und in den Reteaming-Prozess integrieren kann.

In diesem Kapitel werden daher kurz die beiden wichtigsten Grundbegriffe erläutert und daran anschließend einige Methoden und Tools des Wissensmanagements beschrieben, die im Reteaming-Beratungskontext nützlich sein können.

8. Lösungsorientierte Teamchoreografien gestalten
Dieser Beitrag versucht zu klären, was ein organisationstheoretisch gefärbter Begriff „Team" für Reteaming leisten kann. Zudem werden die relevanten Kontexte, die Teams prägen, ausgeleuchtet, und es wird der Frage nachgegangen, wie eine lösungsorientierte Beratung mit den Teams gemeinsam Antworten darauf finden kann. Der Beitrag will vor allem zum Fragen anregen, sicherlich keine fertigen Konzepte liefern.

9. Erfahrungen mit Reteaming

Im Beitrag von Thomas Pollmann geht es um eine „Ersterfahrung" mit Reteaming in einem Seminar an einer Fachhochschule; die Ergebnisse eines Feedbacks werden berichtet.

Peter Wagner recherchierte bei einem internationalen Dienstleistungskonzern, in dem Führungskräfte eine Reteaming-Ausbildung erhielten und auch anwendeten.

10. Zusammenfassung

Einige Gedanken zum Ausklang, ein Zitat von Leo A. Nefiodow und ein Angebot zum Dialog.

11. Tools

In Erweiterung des Kapitels „Guideline für Coachs" werden hier Möglichkeiten aufgezeigt, wie entsprechende OE-Tools in einen Reteaming-Prozess integrierbar sind. Das OE Dreieck, das dem St. Galler Managementkonzept nachgebildet wurde, kann hier für den Einsatz dieser Tools Orientierung geben.

WAS IHNEN DIE AUTOREN NOCH WÜNSCHEN MÖCHTEN

Viel Freude und Spaß an der täglichen Arbeit mit Reteaming!

1 Das Reteaming-Konzept

Wilhelm Geisbauer

Zahlreiche Reorganisationen, die Anfang der 1990er-Jahre in skandinavischen Unternehmen durchgeführt worden waren, erbrachten nicht nur nicht die erwarteten Erfolge, sondern zeigten unbeabsichtigte „Nebenwirkungen", die die Funktionalität dieser Organisationen oft schwer beeinträchtigten.

Die Vermutung lag nahe, dass man bei diesen Veränderungsprozessen den *hard facts* besondere Beachtung geschenkt, hingegen den Blick auf die *soft facts* wie Kooperation, Vertrauen, Kommunikation, Partizipation usw. vernachlässigt hatte.

Dieser Umstand rief den Psychiater Ben Furman und den Sozialpsychologen Tapani Ahola, beide Pioniere der systemisch-lösungsorientierten Kurzzeittherapie in Europa, auf den Plan, eine Intervention für solche Aufgabenstellungen zu entwickeln, die sie Reteaming nannten.

Mit Reteaming, das ursprünglich so viel bedeutet wie Teamneubildung, gelang es erstaunlich gut, „festgefahrene Teams" aus einem *stuck state* in kurzer Zeit wieder herauszuführen, Optimismus für die Zukunft zu wecken, die Koordination von Handlungen zu unterstützen und den Weg zu einem attraktiven Teamziel nachhaltig zu sichern.

Schon bald stellte sich heraus, dass das Reteaming-Konzept (Methode, Struktur, Beziehung) nicht nur nach Reorganisationsprozessen gute Ergebnisse hervorbringt, sondern auch besondere Effekte auf das Wohlbefinden in Beziehungen und auf die Leistungsfähigkeit der Menschen beobachtet werden können, egal in welchen Teams sie arbeiten und egal in welchen Entwicklungsstadien die Teams sich gerade befinden.

Harry Merl, der Pionier systemisch-lösungsorientierter Familientherapie in Österreich, war es, der Ben Furmans Reteaming-Konzept im Zuge einer Internetrecherche entdeckte und es über den Herausgeber dieses Buches dem deutschen Sprachraum zugänglich machte.

Seit etwa fünf Jahren ist Reteaming als Organisationsentwicklungsansatz, aber auch als Struktur für Einzelcoaching in Mitteleuropa heimisch und erfreut sich gerade hier bei Managern und Managerinnen und Beratern und Beraterinnen rasant steigender Beliebtheit.

Das Reteaming-Konzept beinhaltet eine Methode, verschiedene Tools und eine ganz bestimmte Beziehung des Coachs zum Klientensystem. Als Methode bietet Reteaming eine Auswahl und Abfolge von Prozessschritten im Hinblick darauf an, wie die Menschen eines Teams konstruktiv mit Problemen, die sie wahrnehmen, umgehen können. Besondere Merkmale der Beziehung des Coachs zum Klientensystem sind das Streben nach Symmetrie, Neutralität, bestimmte Vorannahmen, besondere Werthaltungen, lösungsorientierte Sprache, transparente Kommunikation und eine vertrauensvolle Atmosphäre.

1.1 DIE METHODE

Reteaming stützt sich auf die Konzepte der systemisch-lösungsorientierten Kurzzeittherapie, wie sie von Steve de Shazer, Insoo Kim Berg, Bill O'Hanlon, Harry Merl, Ben Furman u. v. a. erarbeitet und erfolgreich angewandt werden bzw. wurden.

Die Wurzeln der systemisch-lösungsorientierten Kurzzeittherapie gehen auf die Forschungsgruppe des Mental Research Institute, MRI, in Palo Alto (Watzlawick, Weakland, Fisch) zurück. Watzlawick et al. (1974) verknüpften die technischen Beiträge der Hypnotherapie von Milton H. Erickson mit ihrer systemtheoretischen Perspektive, wodurch sie vom Standpunkt der Formulierung systemischer Modelle aus in der Lage waren, Ericksons strategischen Therapieansatz von reiner Kunst oder Magie zu einem wiederholbaren klinischen Verfahren weiterzuentwickeln (Watzlawick u. Nardone 1999, S. 15).

Es handelt sich dabei um einen Ansatz und eine Art der Gesprächsführung, die den Menschen hilft, gemeinsam über die Suche

1 Das Reteaming-Konzept

nach Lösungen nachzudenken, statt darüber zu reflektieren, wodurch die Probleme verursacht wurden oder wessen Schuld sie sind.

Die Art und Weise, wie Menschen gewöhnlich über Probleme sprechen, führt üblicherweise zu weiteren Problemen und Schuldzuweisungen (siehe den Problem-Teufelskreis in Abb. 1), denn die traditionelle Herangehensweise zur Bearbeitung zwischenmenschlicher Probleme beruht auf der Vorstellung, man müsse diese zuerst genau artikulieren und analysieren, bevor man sie lösen könne. Dabei entstehen oft unvermeidlich Schuldzuweisungen und Rechtfertigungen der Betroffenen, die zu einer Atmosphäre führen, in der Zusammenarbeit erstickt, Kreativität beeinträchtigt und die Motivation gestört wird. Eine Problemlösung ist unter solchen Bedingungen kaum möglich.

Watzlawick (1998) widerspricht der Annahme, hinter jedem wahrgenommenen Problem (Symptom) wirke ein viel mächtigeres Problem; er vertritt die Ansicht, nicht die Probleme seien das Problem, sondern die (bisher) versuchten Lösungen (Watzlawick 1991, S. 118).

Es mag provokant klingen, aber Reteaming verzichtet auf eine Problemanalyse gänzlich – jedoch nicht auf eine Kontextklärung. Provokant vielleicht deshalb, weil es dem geläufigen mentalen Modell von Erkenntnis widersprechen mag, in dem seit der Zeit der Auf-

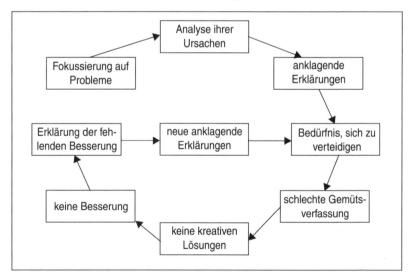

Abb. 1: Problem-Teufelskreis

1.1 Die Methode

klärung postuliert wird, eine Problemanalyse sei Voraussetzung für die Problemlösung. Stattdessen wird in dieser Methode die Aufmerksamkeit auf Ziele und die Zukunft gelenkt, werden Ressourcen bewusst gemacht und Strategien und Wege entwickelt, wie diese Ziele realisiert werden können und die Zukunft am besten zu gestalten ist.

Nach Steve de Shazer (1989, S. 74) geht es um das „Andersartige" am (neuen) Denken und Handeln in Bezug auf das Problem, entsprechend der lösungsorientierten Idee: „Wenn etwas nicht funktioniert, mach etwas ander(e)s!"

Bei Ben Furman (1996, S. 23) liest man: „Es gibt nur zwei Möglichkeiten, Menschen zu helfen, ihre Probleme zu lösen. Die eine ist, ihnen eine neue Art des Handelns in Bezug auf das Problem zu ermöglichen, und die andere, ihnen eine neue Art des Denkens in Bezug auf das Problem zu ermöglichen."

Bei Skeptikern taucht manchmal die Frage auf: „Werden bei lösungsorientierter Arbeit nicht die Probleme unter den Teppich gekehrt?" Die Antwort ist einfach: „Nein, wir können an unseren Problemen und Herausforderungen konstruktiv arbeiten, wenn wir sie in Ziele verwandeln."

Wie das angegangen und realisiert werden kann, sei im Folgenden an einem idealtypischen Reteaming-Prozessmodell dargestellt.

1.1.1 Probleme sind „verkleidete" Ziele

Reteaming geht von der Annahme aus, dass in allen artikulierten Problemen, Beschwerden, Klagen usw. Ziele enthalten sind. Ziele werden als Kehrseite von Problemen verstanden. Im ersten Schritt geht es also darum, wahrgenommene Probleme in korrespondierende Ziele zu verwandeln.

Beispiele:

Problem	korrespondierendes Ziel
Informationen zu spät	optimaler Informationsfluss
unkoordiniertes Vorgehen	transparentes, zielgerichtetes Handeln
Vereinbarungen werden nicht eingehalten	Feedbackkultur
gestörte Zusammenarbeit	flexible Zusammenarbeit
unverständliche Entscheidungen	transparente Entscheidungen

1 Das Reteaming-Konzept

Die Teammitglieder erstellen in Kleingruppen eine Problemliste und formen daraus entsprechende Ziele. Als wichtige Regel hierbei gilt, dass jedes Teammitglied mit seiner Sichtweise Recht hat. Im Plenum werden dann die Ziele präsentiert.

1.1.2 Ein Ziel auswählen

In diesem Schritt geht es darum, ein Ziel auszuwählen unter dem Aspekt von Nützlichkeit für das Team. Dabei ist Konsens anzustreben. Die Konzentration auf ein einziges Ziel erhöht die Erfolgswahrscheinlichkeit und beeinflusst sehr häufig auch andere Ziele günstig.
Beispiele:

- Wir kommunizieren effizient.
- Wir können einander vertrauen.
- Wir haben eine optimale Balance zwischen Kooperation und Autonomie.
- Wir haben optimal abgestimmte Geschäftsprozesse.

1.1.3 Nutzen identifizieren

Veränderung und Zielerreichung sollen Gewinne für alle Beteiligten bringen. „Welchen Nutzen erwarten Sie: für sich persönlich, für die Organisation, die Kunden, die Eigentümer, die Familien, ...", z. B.: Belebung durch Herausforderung, Qualität steigt, Kunden sind zufrieden, Innovationskraft gestärkt usw.

1.1.4 Dream-Team

„Stellen Sie sich vor, es ist heute in einem Jahr, Sie haben Ihr Ziel längst erreicht, Sie entschließen sich, ein Video zu drehen, welches die Zielerreichung und Fortschritte in Ihrem Alltag zeigt; vielleicht sogar ein Lehrvideo für außen Stehende." Die Videobeschreibung ist nur ein Weg, wie man eine gemeinsame Vision konstruieren kann, genauso gut sind Interviews wie auch Inszenierungen möglich.

1.1.5 Erste Überlegungen, was getan werden kann (solution talk)

In Vierer-Gruppen werden erste Lösungsentwürfe gemacht und überlegt, welche Handlungsschritte, neue Regeln, Regeländerungen, Klärungen usw. für das Erreichen dieser Ziele nützlich sein können. Die Ergebnisse werden anschließend im Plenum präsentiert.

1.1 Die Methode

1.1.6 Aktionsplan (Zukunftsplan)

„Welche konkreten Schritte der Veränderung können Sie jetzt planen?"
Es geht darum, den Lösungszustand so genau wie möglich auszuformulieren, und um die Koordination von Handlungsschritten in Richtung auf das gesetzte Ziel, ggf. um neue Regeln, um Regeländerungen, eventuell um Klarstellungen. Angesagt sind hauptsächlich kleine Schritte („baby-steps"), aber dafür kontinuierliche.

1.1.7 Die „Möglichkeitswaage"

Dabei geht es um die Abwägung von erwarteten Schwierigkeiten gegen vorhandene oder noch zu entwickelnde Ressourcen. Hier können ein Scheiternsszenario entwickelt und Raum für Skeptiker und Zweifler gegeben werden: Hindernisse werden angesprochen, aber nicht weiter behandelt. Der Fokus richtet sich nun auf die Ressourcen, wie im Folgenden dargestellt.

1.1.8 Inventur der Teamressourcen

Diese Aufgabe ist ein wichtiger Teil von Reteaming und wird in der Regel von den Teammitgliedern hoch geschätzt. Jedes Teammitglied bekommt von den jeweils anderen reihum positives Feedback, welche Ressource es in den Augen der Teammitglieder in Bezug auf das Teamziel darstellt, etwa so: „Ich schätze an dir ... und das ermöglicht mir ..."

1.1.9 Externe Ressourcen

Solche äußeren Ressourcen umfassen Menschen, z. B. Kollegen, Freunde, Experten, Ehepartner, aber auch anderes wie Kurse, Bücher oder das Internet. Alles, was dem Team helfen kann, sein Ziel zu erreichen, sollte als Ressource angesehen werden.

1.1.10 Frühere Erfolge

Jedes Team hat Erfolge, hier kann der Coach vergangene Erfolgsstrategien sichtbar machen. „Wie kam es dazu, dass Sie ...? Und was hat wer von Ihnen wie dazu beigetragen?" Lösungsorientierung ist ein oft irreführender Begriff: es geht zunächst nicht um die Lösung von Problemen, sondern vielmehr darum, die Ressourcen sichtbar zu machen, welche die Wahrscheinlichkeit erhöhen, das Ziel zu erreichen.

1 Das Reteaming-Konzept

1.1.11 Jüngste positive Entwicklung
Die Beobachtung, dass ein Team seine Reise zum Ziel schon begonnen hat, bevor das Ziel formuliert war, ist ein interessantes und motivierendes Phänomen. Wenn Teams nach Zeichen für jüngsten Fortschritt Ausschau halten, bemerken sie gewöhnlich alle möglichen Veränderungen, die in Richtung Fortschritt weisen.

1.1.12 Individuelle Beiträge
Die Teilnehmer werden gebeten, darüber nachzudenken, welchen spezifischen Beitrag sie in den nächsten Wochen zur Zielerreichung erbringen möchten. Auf einem Spaziergang teilen sie dieses Vorhaben einem Partner mit und sprechen dann öffentlich nicht mehr darüber.

1.1.13 Fortschritts-Monitoring und Feedback
Der Coach gibt als Hausaufgabe die Anregung mit, ein Fortschrittstagebuch zu führen und Beobachtungen auch von kleinen Veränderungen in Richtung auf das Ziel aufzuschreiben.

1.1.14 Reflexion
Wer hat welche Fortschritte bewirkt, wer hat welche Beiträge geleistet? Welche Verbesserungen sind eingetreten? Wem gebührt alles Anerkennung? Was könnte ein nächstes Ziel sein?

Die vier Phasen von Reteaming

ZIELE SETZEN
- Die Schritte zur Veränderung planen.
- Die Ziele konkretisieren.
- Die Vorteile auflisten.
- Auf ein Ziel einigen.
- Probleme in Ziele verwandeln.

ERMÖGLICHEN
- Die bestehenden Hindernisse akzeptieren.
- Die Stärken in eurem Team einschätzen.
- Äußere Ressourcen identifizieren.
- Erfolge in Erinnerung rufen.
- Den laufenden Fortschritt im Prozess erkennen und dafür Anerkennung aussprechen.

POSITIV VERSTÄRKEN
- Diskutieren, wie es weitergeht.
- Einsichten zusammenfassen.
- Die Beiträge dazu anerkennen.
- Die positiven Entwicklungen vor Augen halten.

BEITRAGEN
- Zu positiver Entwicklung beitragen.
- Die Beiträge der anderen beachten.
- Die Zeichen des Fortschritts schriftlich festhalten.

Abb. 2: Reteaming-Phasen

1.2 Der Coach und seine Beziehung zum Klientensystem

1.1.15 Erfolg feiern

Auf diesen Punkt sei besonders hingewiesen, denn oftmals wird vergessen, der erreichten Veränderung, bewirkt durch die Beiträge der Teammitglieder, Aufmerksamkeit zu schenken. In manchen Organisationen gibt es Feierrituale.

1.2 DER COACH UND SEINE BEZIEHUNG ZUM KLIENTENSYSTEM

In vielen Untersuchungen aus dem Bereich der Psychotherapie wird die Qualität der Beziehung zwischen Coach und Klientensystem als Hauptfaktor für gelingende Veränderungsprozesse (Heilungsprozesse) angesehen. Hubble, Duncan und Miller (2001, S. 98 ff.) zitieren Untersuchungen, die belegen, dass die therapeutische Beziehung (30 %) in erfolgreichen Veränderungsprozessen maßgeblicher ist als bestimmte Methoden (15 %) oder Interventionen. Warum sollte das nicht auch für Coachs gelten?

1.2.1 Vorüberlegungen

„Wir können Menschen nicht in eine bestimmte Richtung verändern – die Entscheidung, sich in einer bestimmten Art zu verhalten oder nicht zu verhalten, bleibt ganz allein beim Einzelnen. […] Wir können Menschen nicht nachhaltig in eine bestimmte Richtung verändern. Das bedeutet natürlich nicht, dass Menschen generell nicht beeinflussbar sind oder völlig unabhängig von ihrer Umgebung entscheiden. Aber die letztendliche Entscheidung über ein Verhalten liegt beim Menschen selbst, ist nicht vorhersehbar und kann sich in mannigfache Richtungen entfalten. Letztendlich müssen Menschen von sich aus Sinn finden und bereit sein, sich zu ändern oder eine bestimmte Handlung zu setzen …" (Radatz 2001, S. 40 f.).

1.2.2 Gestaltung von Beziehung

Wenn zwei Personen miteinander kommunizieren, tauschen sie nicht nur Botschaften über irgendwelche Inhalte wie Sachthemen aus, sondern behandeln den anderen in irgendeiner Weise als Menschen, setzen sich zu ihm in Beziehung.

In diesem Sinne unterscheiden wir auch in Beratungsprozessen grundsätzlich die komplementäre Beziehung von der symmetrischen Beziehung.

1 Das Reteaming-Konzept

– *Die komplementäre Beziehung:* Eine Person hält sich selbst für kompetent in Bezug auf ein Thema und vermittelt diese Kompetenz an eine andere Person, die sie erwerben möchte. Wenn die andere Person dieses Beziehungsangebot sofort oder nach einiger Zeit akzeptiert oder dieses sogar erwartet, so ist ihre Beziehung als komplementär definiert. Beispiele: Arzt/Patienten, Lehrer/Schüler, Vorgesetzter/Untergebener, Experte/Laie, Fachberater/Kunde (Simon 1996).
– *Die symmetrische Beziehung:* Sie ist das Gegenstück zur komplementären Beziehung. Sie beruht auf der Gleichheit in Bezug auf ein definierendes Merkmal der Unterscheidung. Natürlich ist diese Gleichheit nie auf alle denkbaren Merkmale bezogen, sondern lediglich auf diejenigen, welche für die professionelle Kommunikation zwischen beiden ausschlaggebend sind (Simon 1996).
– *Metakomplementäre Beziehung:* Der Coach nimmt sich aus der Gleichrangigkeit bewusst heraus *(one down position)* und gibt dem Klienten Vertrauen und Verantwortung für das Gelingen.
– *Metasymmetrische Beziehung:* Der Coach hebt den Klienten in die Gleichrangigkeit *(one up position)* und gibt Vertrauen und Verantwortung für das Gelingen.

Reteaming-Coachs verstehen sich als Prozessexperten, sie bieten Struktur, Klarheit und Sicherheit, verlassen sich dabei einerseits auf ihre Intuition und Kompetenz, andererseits versuchen sie, die anfänglich oft komplementäre Beziehung zum Klientensystem in eine symmetrische Beziehung umzugestalten.

Metakomplementäre und metasymmetrische Beziehung stellen wichtige Elemente der Beziehungssteuerung des Coachs in Bezug

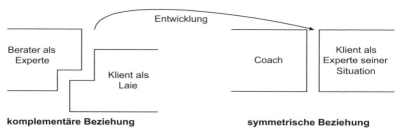

Abb. 3: Beziehung

1.2 Der Coach und seine Beziehung zum Klientensystem

auf das Klientensystem dar, und der bewusste Umgang gehört zu den wichtigsten Voraussetzungen für gelingende Veränderungsprozesse.

1.2.3 Den Fokus auf das Gute richten (reward system)

Darunter verstehen wir die Haltung von Coachs, mit der sie auf Fähigkeiten und Ressourcen des Klientensystems nicht nur fokussieren, sondern diese Beobachtungen auch authentisch artikulieren und ihnen Anerkennung geben.

Wenn Coachs positives Feedback geben, schlagen sie einen Kontext des „Guten" (Tomm 1985) vor. Das wiederum wirkt sich auf das gesamte System aus, und es entsteht eine lösungsorientierte Entwicklungsdynamik (siehe Abb. 4). Häufig tritt Entspannung und Erleichterung ein, und das Klientensystem äußert beispielsweise: „Auch wenn es auf den ersten Blick nicht so aussieht, glauben wir jetzt doch, dass wir einiges richtig gemacht haben." Oder „Wir haben nicht gedacht, dass noch irgendetwas gut läuft bei uns, aber jetzt sehen wir, dass es da doch einiges gibt."

Coachs müssen lernen, positive Veränderungen oder Dinge, die funktioniert haben, wahrzunehmen und zu äußern, das ermöglicht offenere Kommunikation im Klientensystem und begünstigt Lösungen. Lösungsorientierte Sprache vermeidet jede Pathologisierung des Klientensystems, richtet sich auf die Zukunft und führt ins „Möglichkeitenland" (Bill O' Hanlon).

Harry Merl betont: „Mit wem immer man arbeitet, ob mit Teams oder mit Einzelnen, wenn die Anerkennung, Bestätigung und Zuneigung in Fluss kommen, sind unglaubliche Dinge möglich."

1.2.4 Trends, Annahmen und Prinzipien

Als Trends lösungsorientierter Beratung finden wir bei Walter und Peller (1996, S. 25–26): „Da ist einmal der Trend, weg von den Annahmen über Kausalität und einer Konzentration auf die Vergangenheit, hin zu Annahmen der Bedeutungserschaffung in der Gegenwart und für die Zukunft. Da ist der Trend weg von Pathologie und der Objektivierung von Menschen zu einem eher positiven Ansatz, wo Menschen als Teil einer Gemeinschaft begriffen werden und fähig sind, das zu erschaffen, was sie wollen."

Lösungsorientierte Coachs lassen sich von folgenden Annahmen (a. a. O., S. 53–54) leiten:

1 Das Reteaming-Konzept

- Eine Ausrichtung auf das Positive, auf die Lösung und auf die Zukunft erleichtert eine Veränderung in die gewünschte Richtung.
- Ausnahmen zu Problemen können von BeraterInnen und KlientInnen erschaffen und zur Konstruktion von Lösungen benutzt werden.
- Änderung tritt immer auf.
- Kleine Änderungen führen zu größeren Änderungen.
- Menschen haben alles, was sie brauchen, um ihr Problem zu lösen.
- Bedeutung und Erfahrung sind interaktional konstruiert.
- Handlungen und Beschreibungen sind zirkulär.
- Veränderung ist ein ziel- oder lösungsorientiertes Vorhaben – mit der KlientIn als ExpertIn.

De Shazer et al. stellen folgende Prinzipien zusammen (in Watzlawick u. Nardone 1999, S. 168 ff.):

- Die meisten Beschwerden entwickeln sich und werden aufrechterhalten im Kontext menschlicher Interaktion.
- Aufgabe der Kurzzeittherapie ist es, den Patienten zu helfen, etwas anderes zu tun, indem man ihr interaktives Verhalten und/oder ihre Interpretation von Verhalten und Situationen ändert, damit eine Lösung erreicht werden kann.
- „Widerstand" ist quasi eine Information an die TherapeutIn, wie einer KlientIn (nicht) geholfen werden kann.
- Die Bedeutung, die einem Verhalten (oder Symptom) zugeschrieben wird, ist abhängig von der Konstruktion oder Interpretation des Beobachters. Dass ein bestimmtes Verhalten als „Symptom" etikettiert wird, ist willkürlich; in einem anderen Rahmen oder mit anderer Bedeutung versehen, würde dasselbe Verhalten angemessen und normal sein.
- Notwendig ist nur eine kleine Veränderung. Daher ist auch nur ein kleines und vernünftiges Ziel nötig. Sowohl die klinische Erfahrung als auch die klinische Forschung scheinen die Auffassung zu bestätigen, dass eine kleine Veränderung zu anderen Veränderungen und dadurch zu einer weiteren Besserung führen kann. Umgekehrt scheint es, dass, je größer das Ziel oder die gewünschte Veränderung ist, desto schwerer eine ko-

1.3 Lösungen und die „Logik des Gelingens"

operative Beziehung herzustellen ist und desto wahrscheinlicher Therapeut und Patient scheitern werden.
- Veränderungen in einem Teil des Systems führen zu Veränderungen im System als Ganzem.
- Damit eine Interventionsbotschaft erfolgreich ist, ist es nicht nötig, über eine detaillierte Beschreibung der Beschwerde zu verfügen. Es ist nicht einmal nötig, eine genaue Erklärung zu konstruieren, wie die Störung aufrechterhalten wird.

Verrücktheit, so definiert Bill O'Hanlon (1999, S. 13), sei, immer und immer wieder dasselbe zu tun und dabei verschiedene Ergebnisse zu erwarten. Wenn man für die Lösung von Problemen zu psychologischen oder psychiatrischen Strategien greife, handle man sich neue Probleme ein (a. a. O., S. 3):

- Sie liefern Erklärungen anstatt Lösungen.
- Sie orientieren die KlientIn in Richtung des Nichtveränderbaren: nämlich die Vergangenheit oder Persönlichkeitscharakteristiken.
- Sie ermutigen KlientInnen, sich selbst als Opfer ihrer Kindheit, der eigenen Biologie oder Genetik, der Familie oder sozialer Unterdrückung zu sehen.
- Sie erzeugen manchmal neue Probleme, die KlientInnen nicht kannten, bevor sie in Therapie kamen.

1.3 LÖSUNGEN UND DIE „LOGIK DES GELINGENS"

Schlägt man im Wörterbuch (Duden Bedeutungswörterbuch, 1985, S. 423) nach, so findet man unter dem Stichwort **Lösungen** die Erläuterung: *Ergebnis des Nachdenkens darüber, wie etwas Schwieriges zu bewältigen ist.*

Die Definition von Harry Merl (pers. Gespräch v. 21. 12. 2004) lautet so:

Lösungen sind Ergebnisse auf Grund von Kommunikationsprozessen, die eine Situation verstehbar, handhabbar und sinnvoll erscheinen lassen. Es wird eine andere Sichtweise (als die bisherige/n) einer vorher unlösbar erscheinenden Situation entdeckt, diese andere Sichtweise zeigt sich in neuen Strategien, die ein konstruktives Herangehen an die Herausforderung ermöglichen.

1 Das Reteaming-Konzept

Lösungen zielen auf eine tendenzielle Verbesserung der Ökologie des Klientensystems.
Nach Watzlawick (1988, S. 99 ff.) lassen sich Lösungen erster Ordnung von Lösungen zweiter Ordnung unterscheiden. Lösungen erster Ordnung sind Lösungen, in denen Veränderungen von Regeln und/oder Veränderung innerhalb der Regeln möglich sind. Man kann „es" besprechen und findet Konsens. Dabei handelt es sich um vorhersehbare Veränderungen.

Bei Lösungen zweiter Ordnung handelt es sich um umwälzende, auch plötzliche Veränderungen, die für alle Beteiligten unerwartet eintreten, um sogenannte Strukturveränderungen.

Die für lösungsorientierte Beratungsansätze charakteristische Strategie der kleinen Schritte hat die Funktion, beim Klientensystem die Angst vor der Strukturveränderung zu reduzieren.

Watzlawick (2003, S. 36–37) schreibt dazu: „Der Fehler, den ich sowohl als Therapeut wie auch als Berater von Großfirmen am häufigsten sehe, ist die Annahme, dass ein großes, komplexes Problem nur durch ebenso große, komplexe Lösungsstrategien angegangen werden kann. Allein schon die Entwicklungsgeschichte des Lebens auf unserem Erdball lehrt uns ein Besseres, denn die unerhörte Komplexität des Lebens entstand aus einfachsten Ausgangsbedingungen und in kleinsten Schritten. Wie wir wissen, waren alle großen Wandlungen in der Evolution katastrophisch. Das Kleine ist möglicherweise bedeutender als das Große. Das ist für viele Weltbeglücker natürlich eine überaus schäbige Idee, mit der man die Massen nicht begeistern kann."

1.4 ZUSAMMENFASSUNG

1.4.1 Brainstorming statt „Blamestorming"

Der Verzicht auf eine Analyse der Ausgangssituation (nicht auf die Würdigung des Problems und bisheriger Lösungsversuche) und die radikale Zukunftsorientierung ermöglichen ein Klima, das das (Er-)Finden von Lösungen begünstigt. Viele Teams bleiben in ihren Alltagskommunikationsmustern im eingangs beschriebenen Problemteufelskreis regelrecht stecken (*stuck state*). Die Reteaming-Erfahrung kann dieses Muster unterbrechen und die damit oft verbundene depressive Stimmung in vielen Organisationen aufhellen. Positive

1.4 Zusammenfassung

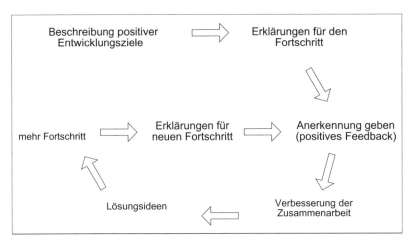

Abb. 4: Die lösungsorientierte Entwicklungsdynamik

Energie – so einer der Grundgedanken von Reteaming – entsteht, wenn die Beteiligten Vorstellungen entwickeln, die positiv, attraktiv, ermutigend und es wert sind, verfolgt zu werden. Wenn man davon ausgeht, dass Probleme „verkleidete" Ziele sind, ist es schlichtweg konstruktiver, über die eigenen Träume und Ziele zu sprechen als über Probleme. Das heißt aber nicht, dass die Probleme dabei unter den Teppich gekehrt werden. Im lösungsorientierten Ansatz arbeitet man natürlich an den Problemen – aber man nennt sie Ziele. Dabei richtet sich die Aufmerksamkeit auf das, was funktioniert und an Ressourcen schon vorhanden ist. Es ist ein Zugang, der Anerkennung gibt *(reward system)* und Zusammenarbeit und Kreativität vermehrt, dabei wird positive Entwicklung begünstigt und zur Entdeckung von Lösungen ermutigt *(solution talk)*.

1.4.2 Die Reteaming-Formel

Auf eine mathematische Formel gebracht, lässt sich der Reteaming-Prozess folgendermaßen darstellen:

$$M = Z_a \times V_e \times F_m \times S_r$$

1 Das Reteaming-Konzept

M (Motivation zur Veränderung) ist das Produkt aus Z_a (attraktivem Ziel), dem V_e (Vertrauen in den Erfolg), F_m (Monitoring des Fortschritts) und S_r (Strategien gegen Rückschläge). Wobei die ersten beiden Faktoren als Start- und die beiden weiteren als Nachhaltigkeitsfaktoren angesehen werden.

2 Eine Guideline für Coachs

Wilhelm Geisbauer

In diesem Kapitel wollen wir Reteaming-Interessierten eine Guideline für die praktische Arbeit anbieten.

2.1 Vorannahmen

Folgende Prämissen und Vorüberlegungen können den Coach bei seiner Arbeit leiten:

– Organisationen sind „selbst organisiert" und lassen sich „von außen" nur bedingt steuern.
– Ein einsamer Organisationsplaner „im stillen Kämmerlein" trifft nicht die Wirklichkeit.
– Daher muss in jeder Organisationsentwicklung mit den Betroffenen kommuniziert werden.
– Diese Prozesse erfordern Raum und Zeit und sollen für jeden Ertrag bringen.
– Der Wandel ist das einzig Beständige im Unternehmen.
– In Organisationen sind Menschen voneinander abhängig. Das gilt auch für Führungskräfte, ihr Erfolg steht und fällt mit ihren Mitarbeitern.
– Führungskräfte sind abhängig von ihren Mitarbeitern und umgekehrt.
– Verordnete Veränderungsprozesse gelingen selten.
– Es gibt keine objektive Wirklichkeit. „Die Welt entsteht im Auge des Betrachters" (Humberto Maturana). So gesehen, hat jede Person mit ihrer Sichtweise „Recht".

2 Eine Guideline für Coachs

- Menschen haben Freude an der Mitwirkung an positiven Entwicklungsprozessen.

Zu Beginn jeder Beratung steht die Frage bzw. das Ziel des Klientensystems, damit schaffen wir einen gemeinsamen Fokus.

Menschen nehmen ein Ereignis wahr, erleben diese Wahrnehmung möglicherweise mit Unbehagen oder sogar als Bedrohung und beschreiben diese Abweichung von einem wünschenswerten Zustand als Problem. Probleme werden also in den Köpfen der Beteiligten aus interpretierten Ereignissen konstruiert.

Wenn ein Klientensystem Probleme fokussiert, kann das zu einer Problemtrance oder einem *stuck state* führen. Die Betroffenen sind gleichsam überwältigt von der Sogkraft des Problems. In dieser Phase ist der Blick auf Ziele und Lösungen häufig verstellt. Eine Analyse des „Problems" würde die Situation noch verschärfen, da man nicht verhindern kann, dass Beteiligte das Gesicht verlieren, sich angegriffen fühlen oder eine allgemeine Suche nach Schuldigen beginnt. Deshalb wird im Reteaming-Ansatz gänzlich darauf verzichtet.

2.2 CONTRACTING

Voraussetzung für einen Reteaming-Prozess ist das Vorgespräch mit dem Klientensystem bzw. Auftraggeber. Ziel ist, ein Contracting für die Beratung zu vereinbaren. Dieser Arbeitskontrakt enthält zwei Aspekte:

a) Der erste Aspekt gilt der Formulierung eines Beratungsziels. Für den Coach bedeutet er, dem Klientensystem gut zuzuhören, es dabei zu unterstützen, eine *Frage* bzw. ein *Ziel* zu formulieren und damit einen Arbeitsrahmen *(global goal)* zu definieren. Indem das Klientensystem „berechenbare Inseln" (Fritz B. Simon) schafft, reduziert es selbst die Komplexität des Sachverhalts. In dieser Phase können folgende Regeln gelten:
   - Wertschätzung der betroffenen Personen.
   - Anerkennen, was als Problem wahrgenommen wird.
   - Lösungsorientiert und inhaltlich fragen.
   - Nicht (gleich) nach Lösungen suchen.
   - Anerkennung für bisherige Bemühungen.

2.2 Contracting

– Erarbeiten einer Frage (eines *global goal*) als Ausgangspunkt und Commitment für einen Arbeitsrahmen
b) Der zweite Aspekt des Contractings besteht für das Klientensystem darin, dass gemeinsam mit dem Coach ein „Setting" (kein Design!) entwickelt wird, um die Frage konstruktiv zu bearbeiten. Dabei können folgende Fragen hilfreich sein:
– Wer kann etwas zur Lösung beitragen?
– Was ist das kleinstmögliche zu beratende System?
– Wer kann ungestraft weggelassen werden?
– Wer darf keinesfalls fehlen?
– Welchen Zeitrahmen geben wir uns?

Meistens genügt es, folgende Fragen im Contracting zu stellen:

Schlüsselfragen:
1. Was möchten Sie entwickeln, was ist Ihr Ziel?
2. Woran würden Sie erkennen, dass die Beratung erfolgreich/ nützlich ist?
3. Wenn ich als Berater erfolgreich wäre, wie würden Sie das wissen?
4. Welchen Gewinn hätten Sie/andere?
5. Was haben Sie bisher zur Lösung versucht? → Anerkennung.
6. Wie könnten wir ein Motto *(global goal)* formulieren?
7. Wie werden Sie Ihre Mitarbeiter informieren?

2.2.1 Weitere Fragen (falls erforderlich):
– Wie ist es dazu gekommen, dass ich jetzt da bin?
– Warum brauchen Sie gerade jetzt einen Berater?
– Warum haben Sie mich dafür ausgesucht?
– Bei wem war der Wunsch nach einem Berater am größten? Bei wem am geringsten?
– Was haben Sie bisher schon alles unternommen?
– Gibt es noch andere Berater in der Organisation?
– Gibt es Zeiten, in denen es besser ist? Was ist da anders?
– Was passiert, wenn nichts passiert? Also wenn die Dinge so laufen wie bisher?
– Wer könnte die Situation wie verschlimmern?
– Wer hätte welchen Gewinn, wenn das Ziel nicht erreicht würde?

2 Eine Guideline für Coachs

- Welche Rolle haben Sie mir zugedacht?
- Was müsste ich tun/unterlassen, damit die Beratung ein Misserfolg wird?
- Spielt noch jemand eine Rolle?
- Wie lange dauert es nach Ansicht der Beteiligten, bis das Ziel erreicht ist?
- Gibt es ein Bild/eine Metapher für die derzeitige Situation?
- Habe ich alles Wichtige/Notwendige gefragt?
- Bin ich jemandem nicht gerecht geworden?

Diese Liste ist sicher nicht vollständig. Sie soll lediglich als Anregung dienen. Entscheidend ist, dass die Fragen auf das Klientensystem und die Situation abgestimmt sind. (Vgl. auch Simon u. Rech-Simon 1999, S. 270–272.)

2.3 WENN EINFACH ALLES STIMMT

Der ideale Ablauf eines Vorgesprächs
Wahrscheinlich sind idealtypische Vorgespräche selten. Wichtig ist, dass der Coach in Hinblick auf den Auftrag und den Auftraggeber die Orientierung behält.

2.3.1 Einstieg und Situationsschilderung
In dieser Phase hat der Kunde das Wort. Der Coach fragt lediglich nach und versucht, sich optimal auf den Kunden einzustellen.

2.3.2 Interview des Coachs
Mit Erlaubnis des Klientensystems übernimmt der Coach die Gesprächsleitung und beginnt, folgende Punkte je nach Angemessenheit abzufragen:

- Kontextklärung (Überweisungs-, Arbeitskontext ...).
- Reteaming-Fragen.

Eventuell zusätzliche Fragen:

- Was funktioniert gut?
- Wert des Status quo.

- Verschlechtern.
- Ausnahmen.
- Perspektive wechseln.
- Erfahrungen mit anderen Beratern.
- Gleichzeitig noch andere Berater?
- Metapher für gegenwärtigen Zustand
- Habe ich etwas Wichtiges noch nicht gefragt?
- Bin ich jemandem nicht gerecht geworden?
- Was möchten Sie über meine Person sonst noch wissen?

2.3.3 Kurze Pause (Separator)

Jeder kann an diesem Punkt eine kurze Pause gut nutzen, um etwas Abstand zum Interview zu gewinnen und um einen Abschlusskommentar zu überlegen.

2.3.4 Abschlusskommentar

Im Abschlusskommentar (Simon u. Rech-Simon 1999, S. 219 ff.) würdigt der Coach nochmals die Ausgangslage (das Problem) und kann auch den Beteiligten für ihre bisherigen Bemühungen Anerkennung geben. Dann formulieren Coach und Klientensystem ein Ziel/ein Motto, sie bringen das Besprochene auf den Punkt:

- Workshoptitel kann eventuell in Form eine Frage formuliert sein, z. B.: „Wie können wir auch in Zukunft erfolgreich sein?"
- Setting: „Wer muss unbedingt zum Meeting eingeladen werden? Wer darf keinesfalls fehlen, damit wir die Frage bearbeiten können?"
- Einladung: „Wie informieren Sie das Team – wie laden Sie die Menschen ein?"
- Zeitrahmen: „Wie oft treffen wir uns, wann zum ersten Mal?"
- Hinweis: „Was wir heute besprochen haben, hat die Funktion eines Vorkontraktes."

2.4 Einmal scheitern, bitte!

Es geht schneller als erwartet und baut nicht gerade auf: ein Vorgespräch, das misslingt. Hier ein paar „gute" Ratschläge dafür:

2 Eine Guideline für Coachs

- Den Expertenblick aufsetzen und sofort wissen, was für das Klientensystem gut ist.
- In der erstmöglichen Minute das eigene Konzept anpreisen.
- Sich nicht die ausdrückliche Erlaubnis holen, dem Klientensystem Fragen stellen zu dürfen *(highly recommended!)*.
- Das Gespräch einfach „laufen" lassen.
- Keine K.o.-Kriterien für Auftragsannahme formuliert haben.
- Den Zeitdruck des Gesprächspartners aufzunehmen und sich selbst unter Druck zu setzen.
- Erfolgsgarantien abgeben, Erfolgsverantwortung übernehmen.
- Mit hoher Geschwindigkeit vorgehen.
- Nicht auf das eigene Körpergefühl achten.
- Das Gespräch beenden und darüber im Unklaren sein, wie beide Seiten verbleiben.
- Das Honorar nicht klären.
- Eine einengende Problemdefinition (= Frage-/Aufgabenstellung für Workshop) akzeptieren.
- Wichtige Personen des Klientensystems nicht einladen, weil sie vielleicht „unbequem" sind.
- Das Klientensystem bestimmt das Design des Workshops oder gestaltet es massiv mit und um.
- Viel Gepäck zum Erstgespräch anschleppen wie etwa Notebook, Videobeamer, zig Meter Kabel und einen imposanten Pilotenkoffer ...

Kennen Sie weitere Möglichkeiten?

2.5 BEISPIELE AUS DER PRAXIS

2.5.1 Wie es laufen kann ...

Das Leitungsteam einer Einrichtung der Erwachsenenbildung trat mit dem Wunsch an mich heran, gemeinsam seine Teamleitungsarbeit reflektieren zu wollen. Auf die Frage, warum sie einen Berater beiziehen wollten, antworteten mir die Teammitglieder, dass es unter anderem wegen der knappen finanziellen Ressourcen schwierig sei, einen klaren Weg für die Zukunft zu finden. Bisher hatte das Klientensystem auf einer dreitägigen internen Klausur Antworten auf diese Frage zu finden versucht – ohne Ergebnis.

2.5 Beispiele aus der Praxis

Beim Erstgespräch waren die vier Leitungsmitglieder anwesend. Nach der Begrüßung schilderten sie mir die allgemeine Situation. Anschließend bat ich sie, Fragen stellen zu dürfen.

Frage 1:
Woran würden erkennen, dass dieses Gespräch erfolgreich war?
– Wenn wir Bescheid wissen, auf welchen Prozess wir uns einlassen sollen.
– Wenn ich mir darüber im Klaren bin, was in einem solchen Beratungsprozess möglich ist; ob Sie als Berater für mich vorstellbar sind und was Ihre Dienstleistung konkret ist.
– Wenn ich Klarheit darüber habe, was wir als Team leisten können. Ob in Eigenregie oder in Begleitung.
– Ich möchte erfahren, was Sie für uns tun können und wie lange es dauern wird.

Frage 2:
Wann ist denn die Idee entstanden, eine Beratung beizuziehen?
– Wir leiten das Institut seit zwei Jahren kollegial. Vor drei Monaten hatten wir eine Klausurtagung in privatem Umfeld. Nach drei Tagen brachen wie sie ergebnislos ab. Unser Ziel wäre es gewesen, eine Vision für die Zukunft zu erarbeiten, Ziele zu formulieren und Maßnahmen zu vereinbaren.

Frage 3:
Was passiert, wenn nichts passiert? Wenn Sie es so weiterlaufen lassen wie bisher?
– Wir geraten in ein Gerangel und in Konkurrenz zueinander.
– Wir reagieren nur mehr.
– Wir setzen keine Prioritäten mehr.
– Wir arbeiten noch mehr, hecheln hinter Terminen her und verlieren die Lust an unseren Aufgaben.

Frage 4:
Was sind denn die bisherigen Fundamente Ihrer Zusammenarbeit?
– Wir haben eine gute Gesprächskultur, eine vertrauensvolle kollegiale Arbeitsatmosphäre und Humor. Zudem akzeptieren wir uns gegenseitig.

2 Eine Guideline für Coachs

– Wir nutzen unsere großen Entscheidungsspielräume, lassen uns gegenseitig in die Karten schauen und nehmen uns Zeit für gemeinsame Abstimmungen.

Frage 5:
Woran würden Sie erkennen, dass die Beratung erfolgreich war?
– Wir haben die Aufgaben unseres Instituts klar und übersichtlich definiert. Wir haben klare Spielregeln, und unsere Leitungsfelder sind klar abgegrenzt.
– Wir können unsere Identität und unsere Leistungen gegenüber dem Geldgeber klar kommunizieren, um eine angemessene finanzielle Grundausstattung zu bekommen, und erreichen dadurch eine gewisse Planungssicherheit.
– Wir können unsere Mitarbeiter und Mitarbeiterinnen weiterbilden und qualifizieren.
– Wir erhöhen unsere Akzeptanz beim Geldgeber.

Frage 6:
Welche Gewinne hätten Sie, wenn Sie das Ziel erreichen?
– Wir haben Klarheit, wie wir in Zukunft das Institut steuern.
– Wir haben eine klare Aufgabenverteilung.
– Neue und übersichtliche Prioritäten geben uns Orientierung.
– Wir erhalten vom Geldgeber eine angemessene finanzielle Grundausstattung.
– Wir sparen Zeit.
– Wir leben eine Dialogkultur.

Frage 7:
Habe ich etwas Wichtiges nicht gefragt?

Abschlusskommentar
Ihre Gesprächskultur ist für mich sehr angenehm. Damit meine ich die Art und Weise, wie sie offen über wichtige Themen reden. Das schätze ich als gutes Fundament für eine konstruktive Zusammenarbeit.

Meine Idee ist, ein Projekt mit dem Titel *Wie können wir uns für die Zukunft erfolgreich positionieren?* zu starten. Als Einstieg sollte ein zweitägiges Kick-off-Meeting angesetzt werden.

2.5 Beispiele aus der Praxis

2.5.2 Und wie es nicht laufen sollte ...

Ein externer Berater lud mich zu einem Gespräch ein. Er fragte mich, ob ich an einem „Kulturwandelprojekt" in einer Organisation interessiert wäre. Da ich Interesse zeigte, erhielt ich eine weitere Einladung. Diesmal von der Projektgruppe selbst, die mich kennen lernen wollte. Das Treffen glich eher einem Kreuzverhör als einem Vorgespräch: Meine Bitte, Fragen stellen zu dürfen, ignorierten die Teilnehmer konsequent. Ich sollte mich gedulden, hieß es. Auch über die Erfolgskriterien der Beratung hüllten sie sich in Schweigen. Lediglich auf informellen Wegen, etwa unter vier Augen auf dem Flur, erfuhr ich mehr über die Vorstellungen des Klientensystems.

Wider Erwarten entschied sich diese Gruppe doch für mich; ich sollte mit dem Chef einen Termin ausmachen. Das Vier-Augen-Gespräch verlief zwar in einer persönlichen, angenehmen Atmosphäre, aber ich hatte trotzdem ein ungutes Gefühl.

Nach diesem Gespräch bat ich den externen Berater, ein Kick-off-Meeting mit dem gesamten Projektteam zu organisieren. Er erteilte mir eine Absage: Die Kultur-Projektgruppe sei nun ein Jahr zusammengesessen und habe das Projekt konzipiert. Sie sei daher müde, nochmals mit den Beratern zu konferieren. Der Auftrag sei ohnehin klar.

In der Zwischenzeit war noch eine dritte Person zum Beraterstab dazugekommen.

Fazit: Ich konnte diesen Auftrag so nicht annehmen.

2.5.3 Wie im Lehrbuch ...

Der Leiter der Abteilung OE/PE eines internationalen Konzerns lud mich und – auf meine Bitte hin – auch eine repräsentative Auswahl engagierter Mitarbeiter zu einem Erstgespräch ein. Vor einem Jahr, so schilderte er, sei eine Neuorganisation nach einem *Business-reengineering-Prozess* in Kraft getreten, wobei drei Bereiche mit der Hoffnung auf Synergieeffekte zu einer Abteilung zusammengelegt wurden, die er nun leite. Was er vermisse, sei ein gemeinsames Beratungsverständnis, wo doch zum einen hoch qualifizierte Fachberater und zum anderen sehr erfahrene Prozessberater und -beraterinnen nun in einem Team seien. Der Leiter beschrieb auch eine Art von Konfusion bezüglich der Aufgaben und Arbeitsschwerpunkte und befürchtete, dass die „Nachfrage uns überrollt".

2 Eine Guideline für Coachs

Der Coach fragte:

Frage 1:
Was passiert, wenn Sie es so weiterlaufen lassen wie bisher?
- Es „zerreißt" uns, weil wir die Anforderungen aus dem Unternehmen nicht abdecken können.
- Die tatsächliche Verschmelzung dieser drei Abteilungen passiert nicht, statt Synergie werden sich Konflikte einstellen.
- Die (internen) Kunden werden uns nicht mehr vertrauen.

Frage 2:
Woran würden Sie den Erfolg der Beratung erkennen?
- Wir haben unsere Beratungsaufgaben so strukturiert, dass sich unsere Kunden und wir auskennen.
- Wir haben Klarheit über unser Tagesgeschäft.
- Und Klarheit darüber, wie beide Beratungsansätze zusammenwirken können.
- Wir wissen, wie wir intern mit Kundenanforderungen umgehen.
- Wir haben unsere Angebote klar definiert und auch, was wir nicht anbieten.
- Wir wissen, was wir voneinander erwarten/nicht erwarten dürfen.

Frage 3:
Welche Gewinne erwarten Sie, wenn die Beratung erfolgreich ist?
- Vertrauen zu Kollegen.
- Konzentration auf Kerngeschäft.
- Gesundheit.

Frage 4:
Wenn Sie das alles auf einen gemeinsamen Nenner zu bringen versuchen, wie könnte der heißen?
Relativ schnell einigten sich die Anwesenden auf *Unser zukünftiges Leistungsangebot*. Danach planten wir einen Reteaming-Workshop und stellten eine Liste mit den Teilnehmern auf.

Fazit: Der Anfang ist gemacht ... Ein Beratungstag genügte, und die Abteilung organisierte sich selbst.

2.6 Stuck state & Co

Kontraindikationen für Reteaming könnten folgende Situationen sein:

- Die Geschäftsleitung hält sich aus dem Veränderungsprozess heraus.
- Es herrscht allgemeine Unklarheit, wer von wem welche Veränderung durch die Beratung erhofft.
- Es ist kein gemeinsames Auftragsklärungsgespräch und damit Contracting möglich.
- Die dem Coach zugedachte Rolle ist nicht leistbar.
- Der Auftraggeber delegiert Management- und/oder Führungsaufgaben an den Coach.
- Ein unangenehmes Körpergefühl des Coachs beim Contracting *(stuck state)*.

2.7 Checkliste

- Ist das Ziel des Auftraggebers *(global goal)* formuliert?
- Welchen Gewinn erwartet der Auftraggeber von einer erfolgreichen Beratung?
- Ist die Rolle des Beraters klar?
- Gibt es Erfolgskriterien für eine erfolgreiche Beratung?
- Welche Lösungsversuche wurden bisher vom Klientensystem unternommen?
- Wurde dem Klientensystem dafür vom Coach Anerkennung gegeben?
- Ist der Arbeitsrahmen (das Setting) definiert?
- Wie werden die betroffenen Teilnehmer (Mitarbeiter) über die Beratung informiert?
- Wer sind die Personen des zu beratenden Systems?
- Gibt es einen groben zeitlichen Rahmen?
- Ist das Honorar klar?
- Liegt eine schriftliche Auftragsbestätigung inklusive Akzeptanz der AGB (Stornoregelung!) seitens des Klientensystems vor?
- Fühlt sich der Coach autonom in Bezug auf den Auftraggeber und das zu beratende System? (Neutralität)

- Hat der Coach dem Auftraggeber verständlich gemacht, dass
  das Vorgespräch den Charakter eines Vorkontraktes hat?

2.8 Lösungsorientierte Fragen

Fragen zu stellen dient nicht nur der Informationsgewinnung, vielmehr wird immer gleichzeitig auch Information geschaffen. In Mehr-Personen-Gesprächen potenziert sich daher auch die Wirkung der Fragen: Dabei entsteht nicht nur neue Information für die Zuhörer, sondern auch für den, dem die Frage gestellt wird (von der Schlippe u. Schweitzer 1996, S. 137 f.). Aus diesem Grund tendieren Reteaming-Coachs zu Mehr-Personen-Gesprächen, wo immer es möglich ist, anstatt zu Vier-Augen-Gesprächen.

Ziel des Fragens ist es, eine attraktive Zukunftsperspektive zu entwerfen und gemeinsam eine neue „Realität" zu konstruieren.

2.8.1 Fragehaltung des Coachs
- Der Coach entwickelt Interesse für die Welt des Klientensystems.
- Er akzeptiert den Gesprächspartner, wie er ist.
- Er hört aufmerksam zu.
- Er stellt (nicht nur) systemische Fragen.
- Er sucht nicht (gleich) nach Lösungen.
- Er vermeidet Problemanalysefragen.

2.8.2 Frageprinzipien
Die Fragen sollen offen, lösungsorientiert und auf die Zukunft gerichtet sein. Eine wichtige Rolle kann dabei der Perspektivenwechsel spielen (siehe 2.8.3 *Interaktive Fragen*). Grundsätzlich gilt: Die Fragen immer an bestimmte Personen richten und nicht „in den Raum" stellen.

2.8.3 Fragetypen
Reteaming-Fragen
- Was möchten Sie entwickeln/erreichen, was ist Ihr Ziel?
- Woran würden Sie erkennen, dass die Beratung erfolgreich war?
- Angenommen, ich bin als Coach erfolgreich, woran werden Sie das erkennen?

2.8 Lösungsorientierte Fragen

- Was hätten Sie/andere von einer erfolgreichen Beratung für einen Gewinn?
- Was haben Sie bisher alles unternommen, um Ihr Ziel zu erreichen?
- Warum ist das Problem nicht schlimmer? (Anerkennung geben: *Compliments*/positives Feedback.)
- Wie heißt der geplante Arbeitsrahmen *(global goal)* für die Beratung?
- Wen werden Sie einladen, und wie werden Sie informieren?

Einfache Fragen
Sie informieren den Coach über die Situation des Klientensystems.

- Was war der Anlass für die Beratung? Was ist Ihr Anliegen?
- Wie geht es dem Unternehmen wirtschaftlich?
- Wie sieht das Organigramm aus?

Diese Fragen sind wichtig, trotzdem besteht die Gefahr, dass man als Coach sehr leicht in eine reduktionistische Denkweise geraten kann, die schnell zu einer urteilenden Haltung wird, oder dass man zu viel (auch strategische) Information bekommt, die dann verwirrt. Einfache Fragen sind wichtig, um an „Basisinformation" zu gelangen, jedoch muss man sich auch der möglichen Risiken bewusst sein.

Interaktive Fragen
Change-Fragen
- Möchten Sie etwas verändern?
- Auf einer Skala von 1 bis 10 – wie hoch ist Ihr Wunsch, diese Situation zu verändern?

Fragen nach dem Ziel
- Was möchten Sie erreichen?
- Was ist Ihr Ziel?
- Wo wollen Sie hin?

Fragen nach Ziel-Etappen
- Wenn Sie Ihr (großes) Ziel in Etappen aufteilen, was wäre ein erstes Teilziel?
- Was wäre ein erstes Zeichen, dass Sie wissen, es wird besser?

2 Eine Guideline für Coachs

Fragen nach dem Status Quo
- Was ist der Vorteil des Status Quo?
- Was passiert, wenn nichts passiert?
- Wie könnten Sie die Situation verschlimmern?

Gewinnfragen
- Wer hätte welchen Gewinn, wenn das Ziel erreicht wäre?
- Wer hätte welchen Gewinn, wenn das Problem aufrechterhalten bliebe?

Fragen nach Erfolgskriterien
- Woran (an welchen Kriterien) würden Sie eine optimale Lösung erkennen?
- Wie werden Sie/Wie werden andere erkennen, dass Sie das Ziel erreicht haben?

Zirkuläre Fragen
Mit dieser Fragetechnik entsteht neue Information im System. Wir fragen etwa nach der Einschätzung der Sichtweise einer weiteren Person betreffend die (vermutete) Sichtweise der jeweils anderen Beteiligten und können die Vermutungen verifizieren oder auch nicht. Zum Beispiel:

- Wie, glauben Sie, denkt der Chef über die Einkaufsabteilung? (Verifizierung, wenn der Chef anwesend ist:)
- Erkennen Sie sich in dieser Einschätzung wieder?
- Wer, glauben Sie, hat am meisten den Wunsch nach Reteaming gehabt, wer am wenigsten?

Fragen zur Verflüssigung von Eigenschaften
- Welche Verhaltensweisen muss der Abteilungsleiter zeigen, um (von wem) als „Weichei" angesehen zu werden?
- Was geschieht, wenn jemand ein Verhalten an den Tag legt, das als problematisch gilt?
- Wie beginnt das? Wer ist dabei? Was tut wer?

Fragen nach dem Beitrag zu einer bestimmten Situation
- Wie erreichen Sie, dass Ihre Mitarbeiter nicht unternehmerisch denken und handeln?

– Wie tragen Sie dazu bei, dass der Seniorchef autoritär entscheidet?

Fragen nach Zeitperspektiven
– Wann hat die Situation begonnen? Wie lange wird Sie noch dauern?

Hypothetische Zukunftsfragen
– Stellen Sie sich vor, das Beratungsziel ist erreicht, was wird dann anders sein?

Fragen zur Neutralität
– Welche Rolle haben Sie dem Coach zugedacht?
– Wie könnte es dem Coach gelingen, seine Neutralität zu verlieren?

Fragen nach Ausnahmen
– Wann war es besser?
– Gibt es bessere Zeiten, was ist da anders?

Skalierungsfragen
– Wo stehen die Dinge jetzt, wenn Sie sie auf einer Skala von 1 bis 10 darstellen müssten?
– Was müssen/Sie/andere tun, um einen Punkt höher zu kommen?
– Was ist anders bei 5, woran erkennen Sie, dass Sie 5 erreicht haben?
1 ---- | ---- | ---- | ---- | ---- | ---- | ---- | ---- | ---- 10

Fragen nach Negativszenarien
– Was müssten Sie/andere tun/unterlassen, um „erfolgreich" zu scheitern? (Vgl. Simon u. Rech-Simon 1999, S. 265–274.)

2.9 DER RETEAMING-WORKSHOP

2.9.1 Überlegungen – Vorbereitung – Einstellung

In diesem Abschnitt geht es um die Frage, wie nach einem erfolgreichen Vorgespräch genauso effizient weitergearbeitet werden kann:

2 Eine Guideline für Coachs

- Wie strukturiere ich den Einstieg in meinen Workshop?
- Wie sehen mögliche Prozessmodelle aus?
- Mit welcher Einstellung sollten Coachs an Veränderungsprozesse herangehen?
- Exkurs: Beratungsansätze.
- Was es in Teams noch zu beachten gibt.
- Pausen können Wunder wirken.

Das Organisationsdreieck kann als Denkmodell beim Erstellen eines Designs hilfreich sein (siehe Kapitel 11, Anhang *Tools*).

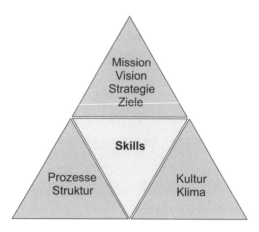

Abb. 1: Das OE-Dreieck

2.9.2 Wie strukturiere ich den Einstieg in meinen Workshop?

- Begrüßung, Vorstellung des Coachs und Einstimmung.
- Das Wort wird an den Coach übergeben.
- Der Coach spricht ein Danke für die Einladung aus.
- Kontextklärung: Wie kommt es, dass ich heute hier stehe? Was ist bisher geschehen? – Inhalte des Vorgesprächs *(global goal)*.
- Rolle des Coachs klären.
- Contracting: „Passt für Sie das Motto *(global goal)*?" – Eventuell: „Sind Sie mit mir als Coach einverstanden?"
- Wenn ja: Warm-up-Runde
  Wenn nein: Konsens über global goal herstellen (neues Contracting).

2.9 Der Reteaming-Workshop

- Warm-up-Runde (zwei Fragen):
  Wer bin ich?" (Teilnehmer und Teilnehmerinnen stellen sich vor). – „Woran würden Sie einen Erfolg dieses Workshops erkennen?" bzw. „Wenn das ein wirklich guter Workshop wird, auf welche konkreten Fragen haben Sie bis zum Ende des Workshops (konkrete) Antworten bekommen?" – Und: Organisatorisches wie Arbeitszeiten, Pausen, Protokoll, Unterlagen.
- Die Ergebnisse immer an einem Flipchart oder einer Pinnwand sammeln.
- Die Fragen priorisieren:
  „Mit welcher Frage möchten Sie beginnen?"

2.9.3 Wie sehen mögliche Prozessmodelle aus?

Die Grafik in Abbildung 2 gibt einen Überblick über mögliche Prozessschritte.

2.9.4 Neutralität

Neutralität ist immer dann gefordert, wenn der Coach mit Konflikten innerhalb des Klientensystems konfrontiert ist. Wann immer er vor der Frage steht, sich auf eine der beiden Seiten einer Unterscheidung zu stellen, hat er vier Möglichkeiten, sich zu positionieren: Er kann für die eine Seite Position beziehen *(entweder)*, er kann für die andere Seite Position beziehen *(oder)*, er kann die *Weder-noch*-Position wählen oder die *Sowohl-als-auch*-Position einnehmen. Die beiden letzten sind neutral (vgl. Simon et al. 1999).

Die neutrale Haltung des Coachs schafft Optionen für das Klientensystem. Die Entscheidungen trifft das KS jedoch allein (vgl. dazu Abb. 3). Harry Merl verwendet darüber hinaus auch noch den Begriff „Präsenz" als nützliche Haltung für Coachs.

2 Eine Guideline für Coachs

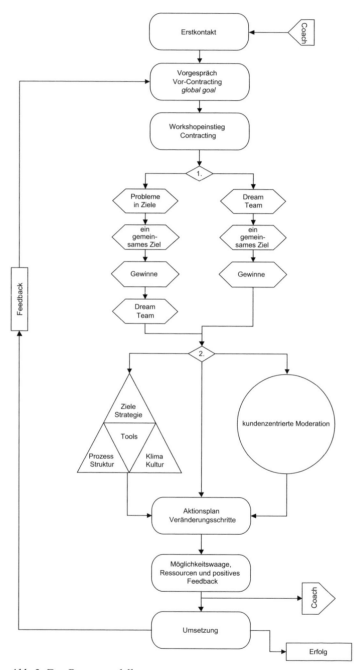

Abb. 2: Das Prozessmodell

2.9 Der Reteaming-Workshop

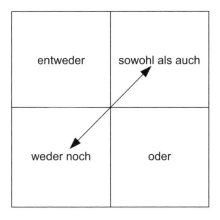

Abb. 3: Achse der Neutralität (nach Simon et al. 1999, S. 178)

Achtung, Falle!
So schnell kann man seine Neutralität verlieren:
- Der Coach „verliebt" (F. Simon) sich in die eigenen Vorannahmen und hält daran fest.
- Der Coach entscheidet für das Klientensystem.
- Der Coach bezieht Stellung für eine Partei.

2.9.5 Prozesssteuerung

Unter Prozesssteuerung verstehen wir jene Maßnahmen, mit denen ein Coach einen Veränderungsprozess für alle Beteiligten zugänglich macht. Im Gegensatz zur reinen Fachberatung „öffnet" der Coach einen Prozess. Dies hat den Vorteil, dass die Beteiligten hoch integriert sind und die Implementierung der Veränderung optimal vorbereitet werden kann. Es ist allerdings nicht vorherbestimmbar, was inhaltlich bei dem Prozess herauskommen wird (Erfolgsgarantie?). Ebenso wenig kann der Einsatz von Methoden und Instrumenten im Vorhinein festgelegt werden.

Prozessparameter:
- Arbeitsrahmen (definiert).
- Inhaltliches Ergebnis (nicht definiert).
- Methoden und Instrumente (noch nicht definiert).
- Zeitrahmen (definiert).
    (Alfred Janes, pers. Mitteilung.)

Lösungsorientierte Interventionen
a) Fragen
Jede Frage ist eine Intervention! Aber: Nicht jede Frage ist für das Klientensystem nützlich, und nicht jede Frage ist lösungsorientiert.

Lösungsorientierte Fragen:
- Alle Fragen nach dem Ziel des Klientensystems.
- Alle Fragen nach Gewinn und Nutzen, wenn das Ziel erreicht ist.
- Hypothetische Zukunftsfragen (MQ).
- Skalierungsfragen.
- Fragen nach Ausnahmen („Wann ist es besser?").
- Fragen nach Ressourcen.
- Fragen nach früheren Erfolgen („Was war dann anders?").

b) Brainstorming – Ideen generieren

c) Bilanzieren (Kosten-Nutzen-Betrachtung) verschiedener Optionen

Option 1		Option 2		Option 3	
+	–	+	–	+	–

d) Strukturieren
Für eine klare Struktur ist es wichtig, dass das Gesagte visualisiert und zusammengefasst wird. Hauptaufgabe des Coachs ist es, für Struktur und Klarheit zu sorgen.

2.10 Exkurs Beratungsansätze

	Merkmale	Verantwortung für Umsetzung	Kompetenz	Umgang mit Klientenfragen
Gutachter	– unparteiisch – „objektiv" – hohe fachliche Kompetenz – einziger Kontakt über Infobeschaffung	beim Klienten Gutacher hat Verantwortung für Expertise	Fach-Kompetenz	schriftliches Gutachten Know-how-Input
Manager auf Zeit	– zusätzliche Ressource – Positionsmacht – Befristung	beim Berater	Fach- und Durchsetzungskompetenz	macht die Probleme zu seinen und versucht, sie zu lösen
Fachberatung (prozessorientiert)	– Fachberatung und Prozessberatung – Verbesserungsvorschläge und Umsetzungsbegleitung	Umsetzung beim Klientensystem Berater: Prozessgestaltung und Qualität der Ratschläge	Fach- und Prozesskompetenz	Prozessvorschläge und Verantwortung für Verbesserungsvorschläge
OE-Beratung gruppendynamisch	– Installation eines permanenten Anpassungsprozesses der Organisation an sich wandelnde externe und interne Umwelten	beim Klienten Coach: Prozessgestaltung	Anleitung zum Selbstständig werden	Problemdefinition Analyse des Problems Ermöglichen von Lösungen
OE-Beratung Reteaming	– Installation eines permanenten Anpassungsprozesses der Organisation an sich wandelnde externe und interne Umwelten	beim Klienten Coach: Prozessgestaltung	Anleitung zum Selbstständig werden	Probleme in Ziele verwandeln helfen Ermöglichen von Lösungen

Quelle: nach CONECTA, modifiziert und erweitert

2.11 Was es in Teams noch zu beachten gibt

Nach Gunthard Weber (2000, auszugsweise) stellen die nachfolgenden Punkte Prinzipien für Organisationsaufstellungen dar.

2 Eine Guideline für Coachs

- **Recht auf Zugehörigkeit**
  Jeder hat ein Recht auf Zugehörigkeit, dies enthält aber auch die Verpflichtung, den der Position im System gemäßen Beitrag und Einsatz zur Erhaltung und Erneuerung der Organisation zu leisten.

- **Geben und Nehmen**
  In Organisationen gibt es so etwas wie eine innere Kontenführung (Boszormenyi-Nagy 1981). Durch Geben und Nehmen werden Konten eröffnet. Jeder Einzelne führt die Konten über Geben und Nehmen aller Interaktionspartner in seiner „privaten" (oft nicht veröffentlichten) Währung. Die Kontostände aller Beteiligten fließen in die Beziehungen ein. Nicht jede verkaufte Ware wird sofort bezahlt, nicht jede „gute" oder „schlechte" Tat sofort belohnt oder bestraft. Dennoch werden in der Interaktion ständig Soll und Haben bilanziert, Kreditlinien festgelegt und Forderungen eingeklagt: Interaktionsmuster entstehen aus dem Zusammenspiel der Bilanzierungsmuster und Kontostände aller Teilnehmer an der Interaktion. (Vgl. Simon et al. 1992.)

- **Wer länger da ist, hat Vorrang**
  Bei Gleichgestellten hat der, der früher da war, die älteren Rechte. Diese müssen von später Dazukommenden anerkannt werden. Das gilt im besonderen Maße für Initiatoren und Gründer von Organisationen. Auch wenn an hierarchisch höheren Positionen Stehende Vorrang haben, lohnt es sich für diese, die Mitarbeiter, die früher da waren, in ihrer Erfahrung und für ihre Verdienste zu schätzen, sonst kehren neue Besen schlecht. Dies gilt natürlich ganz besonders auch für Coachs.

- **Leitung hat Vorrang**
  Leitung muss durch Leistung und dadurch, dass diese adäquat ausgefüllt wird, gerechtfertigt werden. Dann besitzt der Leitende Autorität und wird in seiner Position geschätzt. Mythen wie „Wir sind alle gleich" fördern Unsicherheit und Beziehungskonflikte.

- **Leistung muss anerkannt werden**
  Haben bei gleichgestellten und gleich bezahlten Mitarbeitern einige besondere Kompetenzen oder bringen sie besondere Fähigkeiten ein, die den Erfolg und die Weiterentwicklung der Organisation garantieren, brauchen diese besondere Anerkennung und Förderung für ihre Beiträge.

- **Gehen und bleiben**
  Bleiben kann jemand, den die Organisation braucht und der seinen Platz und seine Funktion ausfüllt. Gehen muss manchmal jemand, der andere im System nachhaltig oder rücksichtslos geschädigt hat. Bei Trennungen in und von Organisationen ist es sowohl für die Organisation als auch für den Betreffenden wichtig, dass die Trennung im guten Einvernehmen und in gegenseitiger Achtung vollzogen wird, damit es in der Organisation gut weitergehen und der Betreffende an der nächsten Stelle gut ankommen kann. Gute Rituale fördern diese Prozesse.

- **Organisationen sind aufgabenorientierte Systeme**
  Es gibt viele Arbeitsgruppen, die ihre Aufgabe (ihre Ziele) weitgehend aus dem Blick verloren haben. Die Mitarbeiter beschäftigen sich dann vor allem mit sich selbst, mit Beziehungsproblemen oder klagen über „die da oben" und die „Zustände".

2.12 Pausen

Pausen sind für Veränderungs- und Integrationsprozesse enorm wichtig (vgl. Rossi u. Nimmons 1993). Es empfiehlt sich daher, nach etwa 90 Minuten Arbeitszeit eine 20-minütige Pause einzuplanen.

2.13 Fallbeispiel

Im Kapitel 2.5.1 wurde bereits das Contracting für den folgenden Workshop wiedergegeben.
Man einigte sich auf ein Beratungsprojekt im Umfang von fünf Tagen. Im Rahmen eines zweitägigen Startmeetings, das der Klärung

2 Eine Guideline für Coachs

des Projektauftrages und der Etablierung der Projektstruktur diente, war auch ein Reteaming-Prozess vorgesehen. Das Team wählte als Ziel: optimale Balance von Kooperation und Autonomie.

Nachdem identifiziert wurde, welche Gewinne die Zielerreichung für die Teammitglieder, für den Vorstand, für das Leitungsteam, für die MitarbeiterInnen, die Regionaleinrichtungen und die Gesamtorganisation bedeuten würden, konnte ein konkretes Bild („Dreamteam") für die Zukunft entstehen. So wurden für die operative Ebene gemeinsam effiziente Koordinationsinstrumente entwickelt, deren Vorzüge im geringen Zeitaufwand und in einer optimalen synchronen Kurzinformation über den Stand wichtiger Agenden aus den Ressorts der jeweils anderen gesehen wurden. In späterer Folge wurden noch Schritte vereinbart, wie man der Überfrachtung von Besprechungen wirkungsvoll begegnen kann.

Außerdem konnte sich das Team im Lauf des Reteaming-Prozesses enormer interner und angemessener externer Ressourcen bewusst werden, die für die Zielerreichung zur Verfügung standen bzw. noch nutzbar zu machen waren. Das Vertrauen in den Erfolg wurde gestärkt durch das In-Erinnerung-Rufen früherer gemeinsamer Erfolge und durch das Wahrnehmen neuester positiver Entwicklungen. Für die Zeit bis zum nächsten Meeting bekamen die Teammitglieder die Aufgabe, jeweils einen ganz konkreten Beitrag zum Gelingen des Zieles beizusteuern und ein Erfolgs- und Fortschrittstagebuch zu führen.

Vier Wochen später berichteten Teammitglieder u. a. Folgendes: „Ich kriege gut mit, was gerade so läuft. Ich erlebe ein Klima von gemeinsamer Verantwortung. Unser Informationsfluss ist schnell, unmittelbar und informell geworden. Ich erlebe eine verbesserte Qualität unserer Kontakte, wir nutzen kollegiale Beratung, haben intensiveren Austausch, können aktiv aufeinander zugehen (,Kooperation zwischen Tür und Angel')".

Die weiteren Projekttage nutzte das Team, um ein gemeinsames Erfolgsbild für die Zukunft zu konstruieren (("Heute ist der 15. 3. 20XX, Sie arbeiten in einer erfolgreichen Organisation, wie sieht das aus?), seine Arbeitsstrukturen und Spielregeln der sich verändernden Umwelt im Sinne einer lernenden Organisation permanent anzupassen (z. B. durch AVK-Workouts, d. h., es wurde eine regelmäßige Verhandlungsstruktur etabliert, in der über Aufgaben, Verantwortung und Kompetenzen laufend Vereinbarungen getroffen werden. Außerdem entwickelte man Regeln, wie man sich künftig vor „stuck states" schützen kann (Frühwarnsystem), und man arbeitet derzeit intensiv an der Weiterentwicklung einer Identität als innovative Servicestelle für die (8000!) Mitgliedseinrichtungen einer kirchlichen Einrichtung zur Erwachsenenbildung in Deutschland.

2.14 ZUSAMMENFASSUNG

Das **Vorgespräch** (Contracting) gleicht einem „Mini-Reteaming"-Prozess (siehe Reteaming-Fragen) und zielt auf das Formulieren eines *global goal* ab, das wie ein Vorkontrakt wirkt. Geklärt wird auch, wer zum vereinbarten Workshop wie eingeladen wird.

Außerdem ging es in diesem Kapitel um die Gestaltung konkreter lösungsorientierter **Prozessschritte**, wie in Abb. 2 dargestellt, um zwei wesentliche Entscheidungspunkte und um die für den Veränderungsprozess nützlichen Haltungen des Coachs: Beziehungsangebot, Neutralität, Präsenz und Offenheit.

Zusätzlich findet sich eine Übersicht über die aktuellen Beratungsansätze, eine Auswahl an Prinzipien für die Arbeit mit Teams (G. Weber) und die Bedeutung von Pausen (E. Rossi) für Entwicklungsprozesse.

3 Reflexion

Wilhelm Geisbauer

"The way to learn reteaming is to do reteaming and to reflect the doing."
Tapani Ahola

3.1 Selbstreflexion

Unmittelbar nach dem Workshop kann ich mich fragen (nach Furman u. Ahola 1997):

- Was waren die Probleme des Teams?
- Was waren die Ziele des Teams?
- Was war das Ziel, für das sich das Team entschieden hat, und wie konnte es sich erfolgreich darauf einigen?
- Welchen Gewinn verband das Team mit der Zielerreichung?
- Wie beschrieb das Team die Merkmale/Unterschiede für die Praxis, wenn das Ziel erreicht wäre?
- Wie verlief das Finden und Sich-bewusst-Machen der Ressourcen?
- Welche jüngsten Erfolge oder positiven Vor-Reteaming-Veränderungen konnten festgestellt werden?
- Wie entschieden die Teammitglieder, welche Beiträge sie in Bezug auf ihr Ziel liefern werden?
- Was hatten die Teammitglieder getan, um das Ziel zu erreichen?
- Wie gaben sie einander Anerkennung?
- Welches Feedback habe ich als Coach erhalten?
- Welchen möglichen Schwierigkeiten bin ich als Coach während des Reteamings begegnet, und wie haben ich sie bewältigt?

- Welches Feedback bekam ich über den Prozess?
- Was habe ich selbst aus dieser Erfahrung gelernt?

Oder kürzer:

- Was ist mir gut gelungen?
- Was ist den Teilnehmern gut gelungen?
- Was habe ich aus schwierigen Situationen gelernt?
- Was möchte ich für die Zukunft ändern?
- Was werde ich unbedingt auch in Zukunft beibehalten?

3.2 Reflexion mit Supervisor

Wenn jemand das Gefühl hat, dass er mit Selbstreflexion nicht zurechtkommt, dass Fragen offen bleiben, dann gibt es die Möglichkeit, sich einen Gesprächspartner oder ein Reflecting Team (4.3) zu organisieren und das eigene Tun zu reflektieren. Das kann Lernmöglichkeiten schaffen und zu Bereicherung führen.

3.3 Reflexion im Reflecting Team

Das Reflecting Team ermöglicht allen, die es zu Rate ziehen, sich selbst neue Fragen zu stellen und dabei neue Unterscheidungen zu treffen – während sie dem reflektierenden Team zuhören (Andersen 1990).

Diese Methode bevorzugen viele Coachs, ist sie doch ein einzigartig wirksamer „Generator für Informationen mit Erstmaligkeit" (Merl) für alle Beteiligten, wenn man sich an die Regeln hält.

3.3.1 Das Setting

Anwesend sind das Klientensystem und ein Coach, ferner das Reflecting Team, im gleichen Raum, aber separiert.

Der Coach interviewt das Klientensystem. Die Mitglieder des Reflecting Team hören zu. Der Coach wendet sich dem Reflecting Team zu, wenn er nicht mehr weiterweiß. Jetzt bietet das Reflecting Team seine Ideen an, die Teammitglieder reden miteinander nach bestimmten Regeln (s. 4.3.2) über ihre Einfälle zur behandelten Frage, während die Interviewten zuhören (Andersen 1996).

3 Reflexion

3.3.2 Die Regeln
- Möglichkeitsform verwenden: „Es könnte sein, dass ..."
- Reflexion auf das Hier und Jetzt beziehen.
- Positive Absicht sehen (auch hinter negativ wirkenden Handlungen).
- Anerkennung aussprechen für das, was gut ist.

Anmerkung: Für ein Gelingen ist es wichtig, dass die Teilnehmer sich konsequent an die Regeln halten.

3.3.3 Die Wirkung
Die Reflexionen werden vom Klientensystem unter dem Aspekt der Nützlichkeit für Lösungsmöglichkeiten gehört. Wenn das Reflecting Team das Klientensystem in seinem „Traum vom gelungenen Selbst" (mehr in Kapitel 7) anspricht, wird dabei sein „organizing and creative mind" (Merl) angeregt, eigene Lösungen zu entwickeln.

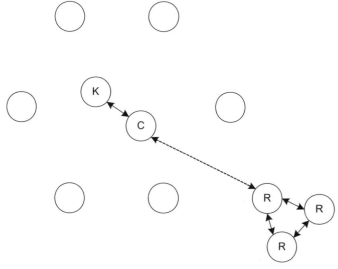

Abb. 1: Das Setting des Reflecting Team

Der Klient entscheidet selbst über die Nützlichkeit der vom Interviewer und dem Reflecting Team generierten Ideen, Gedanken und Erfahrungen und signalisiert auch, wenn er genug Impulse für die Generierung seiner Lösung erhalten hat.

3.4 EXKURS: SCHEITERN UND GELINGEN VON VERÄNDERUNGSPROZESSEN AM BEISPIEL GESCHÄFTSPROZESSMANAGEMENT

Markus Gappmaier (2001a) hat durch seine Arbeiten den Reteaming-Ansatz in jüngster Zeit wesentlich bereichert, hat er sich doch zusammen mit seinen Teams der Erforschung des Gelingens von Veränderungsprozessen (im Sinne von Geschäftsprozessmanagement) verschrieben.

3.4.1 Was ist Geschäftsprozessmanagement (GPM)?

GPM „ist das dauerhafte Monitoring eines Geschäftsprozesses und das Auslösen [...] von schrittweiser Prozessverbesserung oder umfassender Neugestaltung, womit sichergestellt werden soll, dass die Prozessziele erreicht werden" (Brooks 1997).

Dabei geht es nicht nur um Linienorganisation, fixe Abläufe, Hard Facts, formale Aspekte, sondern auch um Teamorganisation, flexible Abläufe, individuelles Verhalten, Soft Facts und informelle Aspekte.

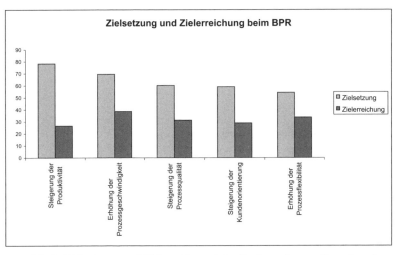

Abb. 2: Zielsetzung und Zielerreichung beim Business Process Reengineering (BPR) (Studie von Prof. Homburg, WHU Koblenz; aus: Organisationsentwicklung 2/1998, S. 71)

3 Reflexion

3.4.2 Ist GPM noch in?

80 Prozent der IT-Führungskräfte in den USA gaben bei einer Umfrage für die *Information Week* im April 2001 an, dass die „Verschlankung" von Geschäftsprozessen eines der fünf Management-Top-Ziele für 2001 in USA sei.

3.4.3 Gründe für das Scheitern eines Veränderungsprojekts (GPM)
– Veränderungen beziehen sich ausschließlich auf Hard Facts.
– Veränderungszwecke sind nicht klar.
– Das Potenzial der Mitarbeiter wird vernachlässigt.
– Veränderungen werden *top down* „verordnet" ohne Rücksicht auf Mitarbeiterbedürfnisse.

3.4.4 Prinzipien eines ganzheitlichen Geschäftsprozessmanagements
– Partizipation (Mitarbeiter/Kunden).
– Reflexion.
– Lösungsorientierung.
– Ausgewogenheit von Mensch/Organisation/Technologie.
– Menschlich verkraftbare Veränderungsgeschwindigkeit.

3.4.5 Methoden
– Bildkartengestaltungsmethode.
– Organisationsgesundheitsbild.
– Feedback-Meeting
– Reteaming.

3.4.6 Komponenten eines Veränderungsprozesses
Vision + Fertigkeiten + Incentives + Ressourcen + Aktionsplan
→ Wandel

3.4.7 Faktoren, die effiziente Kommunikation für GPM erleichtern
1. Vertrauen zwischen Berater/Beraterin und Projektteammitgliedern.
2. Methoden des systemischen GPM.
(Nach Gappmaier 2001b.)

3.4.8 Methoden, die effiziente Kommunikation unterstützen
1. Bildkartengestaltungsmethode.
2. Metaplan, spezielle Applikation.

3.4 Exkurs: Scheitern und Gelingen von Veränderungsprozessen

3. Feedback-Meeting.
4. Apprenticeship Learning.
(Nach Gappmaier 2001b.)

3.4.9 Hauptergebnisse GPM
Von den an der Studie beteiligten Projektgruppenmitgliedern gaben als Vorteile des GPM in Veränderungsprozessen an:

82 % *Verstehen des Gesamtprozesses.*
71 % *Verstehen der Ideen der anderen Beteiligten.*
62 % *Verstehen der Prozessvision der anderen.*
61 % *Wissensaustausch.*
(Nach Gappmaier 2001b.)

3.4.10 Kommunikation macht den Unterschied
Mit keiner oder unzureichender Kommunikation:
- Zweck und Ziele unklar.
- Mitarbeiterressourcen ungenutzt.
- Lähmendes Unsicherheitsgefühl breitet sich aus.

Mit effizienter Kommunikation:
- Einheitliche Gestaltungsrichtung durch klare und Gewinn bringende Ziele.
- Akzeptanz bei Mitarbeitern durch partizipierende und hochqualitative Projektarbeit.
- Zuversicht und Motivation durch Erkennen und Verfügbarkeit von Ressourcen.

3.4.11 Zusammenfassung GPM
Wenn Coachs Veränderungsprozesse erfolgreich begleiten wollen, bedarf es nach Gappmaier (2001b) *ganzheitlicher Geschäftsprozessmanagement-(GPM)-Kommunikation*, die

- lösungsorientiert,
- ehrlich,
- respektvoll,
- ausgleichend ist
- und auf das Wohl aller Beteiligten abzielt.

4 Lösungsorientiertes ökosystemisches Denken

Harry Merl

4.1 RETEAMING, ÖKOLOGIEN UND OPTIMIERUNGSTENDENZEN

Reteaming ist eine Anwendung ökosystemischen Denkens. Grundlage für diesen Denkansatz ist die *Ökologie des Menschen*: Darunter ist sein Bedarf nach Zuwendung, Anerkennung und Vertrauen zu verstehen, der gedeckt werden will. Technisch gesprochen, sind also jene Bedürfnisse oder Zuträglichkeiten zu befriedigen, die dem inneren Programm des Menschen für Existenz und Entwicklung dienlich sind. Jeder Mensch ist konstant und automatisch bestrebt, seine ökologische Lage immer wieder zu optimieren.

Sowohl die menschliche Existenz als auch die menschliche Entwicklung sind an das Zusammenleben in verschiedenen *Systemen* (Teams, Familien, Organisationen ...) gebunden. Daher muss der Bedarf nach Zuträglichem für alle Beteiligten in diesem Zusammenleben gedeckt sein. Grundsätzlich dient dieses Zusammenleben den persönlichen Zielen jedes Beteiligten und der Ökologie des Systems. Die Qualität jeder Beziehung und damit auch die Erreichbarkeit der einzelnen Ziele wird davon bestimmt, wie weit in einem System der Bedarf der Beteiligten gedeckt wird. Mit anderen Worten: Wollen die Beteiligten sowohl ihre persönlichen als auch die Ziele des Systems erreichen, müssen sie beide Anliegen aufeinander abstimmen.

In jedem System gibt es eine *Optimierungstendenz*, die den aktuellen Zustand immer wieder zu korrigieren versucht; sie will die persönliche und systemische Ökologie stets verbessern. Daher ist die Lage eines jeden Mitglieds zu jedem Zeitpunkt ambivalent: Diese Ambivalenz drückt sich in der Frage aus, inwieweit die Zufriedenheit gegenüber dem Wunsch nach Veränderung überwiegt.

Jeder Zustand hat ökologische Vor- und Nachteile. Nur selten fehlt die Ambivalenz für kurze Zeit. Das Verhältnis von Zufriedenheit und dem Wunsch nach Veränderung kann als *Ambivalenzquotient* zwischen null und 100 Prozent zu jedem Zeitpunkt erfragt werden. Wird die Notwendigkeit des Einklangs beider Ökologien missachtet, wird die Systemökologie für die persönliche Ökologie geopfert oder umgekehrt, so verbirgt sich dahinter eine große Gefahr.

4.2 Der Traum vom gelungenen Selbst

Der *Traum vom gelungenen Selbst* (TgS) ist ein spezieller ökologischer Bedarf, dessen Deckung nach Optimierung strebt. Es ist der Bedarf nach Anerkennung eines Menschen als Person an sich und nach Anerkennung seiner Fähigkeiten:
Ich bin jemand und kann etwas in meinen und in deinen Augen.
Der Traum ist Antrieb für jedes menschliche Handeln. Er hat in jeder Lebensphase ein anderes Gesicht. Sein Ziel ist es, die eigene Person erfolgreich zu profilieren. Wer den TgS einer dritten Person anspricht, fördert dadurch Offenheit im Kontakt, Kreativität und Lernbereitschaft.
Botschaften, die den Traum vom gelungenen Selbst fördern können:

– Du bist nicht verloren!
– Du bist mir/uns wichtig!
– Du hast Fähigkeiten!
– Fehler sind kein Misserfolg, sondern Gelegenheiten zu lernen.

Misslingt der Traum vom gelungenen Selbst, können folgende Zeichen darauf hindeuten:

– Depressionen in psychischer oder larvierter (z. B. körperlicher) Form.
– Krankheitsneigung.
– Selbstbestätigung auf Kosten anderer – etwa durch Abwertung, Beschuldigung, Gewalt oder Teilnahme an Mobbing.

4 Lösungsorientiertes ökosystemisches Denken

4.2.1 Eine Frage der Beziehung.
Der Traum vom gelungenen Selbst und seine Bedeutung für Beziehungen

Der Traum vom gelungenen Selbst ist für alle menschlichen Beziehungsfelder von Bedeutung. Er lässt sich daher als ein Feld mit vielen Schnittstellen darstellen. Jede einzelne dieser Schnittstellen ist zugleich ein Beziehungsfeld (siehe auch Abb. 1); sie können einander unterstützen oder miteinander konkurrieren. Einen besonderen Stellenwert genießt der Traum in den Systemen Familie und Beruf, also dort, wo er auch ökologisches Gewicht bekommt.

Je besser der Traum vom gelungenen Selbst und in je mehr Bereichen er gelingt, umso stärker macht er sich als konstanter Selbstwert bemerkbar. Wird der Traum also entsprechend unterstützt, bietet er auch in schwierigen persönlichen und systemischen Krisen Rückhalt und hilft, sie zu überstehen.

Je schlechter der Traum vom gelungenen Selbst und in je weniger Bereichen er gelingt, umso geringer und labiler ist dieser Selbstwert.

Abb. 1: Der Traum vom gelungenen Selbst (Ahlers u. Merl 1998, Merl 2002a, b)

4.2 Der Traum vom gelungenen Selbst

Dies führt dazu, dass der Mensch von äußeren Quellen der Selbstbestätigung abhängig wird und zu Notlösungen greift: Krisen können so auch zu persönlichen oder systemischen Katastrophen führen.

4.2.2 Das Ich-Haus – Womit realisiere ich den Traum vom gelungenen Selbst?

Jeder Mensch muss mit sich und der Welt in Beziehung treten. Ausgangsposition dafür ist das *Ich-Haus* oder *persönliche Referenzmodell-System* (PRMS) (siehe Abb. 2).

Dieses Ich-Haus setzt sich aus den jeweiligen persönlichen Erfahrungen und dem persönlichen Bestreben, zu existieren und sich zu entwickeln, zusammen. Es ist eine komplex organisierte, als System funktionierende persönliche Landkarte der Welt. Diese Landkarte dient dem Menschen zugleich als eine rasch zugängliche Handlungsanweisung, mit deren Hilfe er die Ökologie eines Systems und damit auch den Traum vom gelungenen Selbst beurteilen und optimieren kann.

Das Ich-Haus – unser persönliches Referenzmodell-System

Allg. ökolog.Bedarf (Sicherheit, Nahrung, Fortpflanzung, Partnerschaft, Familie) Traum vom gelungenen Selbst					
Entdeckung von Gelegenheiten				spirituelle Verankerung	
Werte Loyalitäten Normen	Überzeugungen („Belief")	Bildererzeugung		Erinnerungen (Vergangenheit)	Erfahrungen (Schicksale Traumata)
Leitsätze	Produktion von Erklärungen		Strategien (Gegenwart)		Ziele (Zukunft)
Gender-Filter	Einstellung		Muster		Sprache und Bedeutungsgebung
Magazin für Fähigkeiten und Erfolge	Öko-(Befindens-) Monitoring				PRM-Monitoring bzgl. Stimmigkeit

Verhalten / Verhalten / Interaktion über Kommunikation

Abb. 2: Das Ich-Haus (Ahlers u. Merl 1998, Merl 2002a, b)

4 Lösungsorientiertes ökosystemisches Denken

Das Ich-Haus ist also unser persönlicher Standort, dessen Perspektiven und Strategien allerdings beschränkt sind, tendiert doch jeder Mensch dazu, sich selbst – bis zum Extrem der „Rechthaberei" – zu bestätigen. Nichtsdestoweniger ist es von großer Bedeutung für uns, da es Einstellungen prägt und dafür die passenden Erklärungen findet. Überdies bahnt es unseren Weg durch die Welt und definiert – aus seiner Sicht – Hindernisse als Probleme.

Durch seine Tendenz zur Selbstbestätigung kann das Ich-Haus allerdings auch Konflikte mit anderen Menschen hervorrufen: Denn jeder Systembeteiligte sieht die Welt aus seiner Sicht und meint, seine Lösungen seien die besten. Dadurch wertet er den Standpunkt der anderen und damit deren Traum vom gelungenen Selbst ab. Diese „Kränkung" des fremden Traums vom gelungenen Selbst kann Meinungsverschiedenheiten zu (lebens)gefährlichen Konflikten anwachsen lassen.

Die Lösungsansätze sind oft verschieden und scheinbar unvereinbar. Dies führt zu einem zunehmenden Mangel an zuträglicher Information, wodurch die Beteiligten des Systems in ihrem Denken und in weiterer Folge in ihrem Handeln eingeschränkt werden. Es kommt zu einer Problemtrance:

Die Problemtrance ist Ursache der Unfähigkeit eines Menschen oder Systems, eine Problemlösung zu finden.

Wie oben bereits angedeutet, sind Informationen die wichtigsten Bausteine des Ich-Hauses. Daher können Informationen die Architektur des Hauses auch immer wieder verändern. Einer Veränderung steht allerdings immer die Tendenz zur Selbstbestätigung entgegen.

4.3 Ein dynamisches Miteinander

Menschliche Systeme setzen sich aus Menschen zusammen. Diese sind bestrebt, ihre Ökologie und insbesondere den Traum vom gelungenen Selbst zu optimieren. Sie stehen dabei miteinander in Beziehung, um gleichzeitig gemeinsam ein bestimmtes Ziel zu erreichen. Dabei übernimmt jeder eine bestimmte Funktion im System, die einerseits der Optimierung des TgS und andererseits der Systemökologie dient. So erreichen sie gemeinsam das vereinbarte Ziel. Dieser Prozess wird vom Ich-Haus oder dem persönlichen Referenzmodell-System jedes einzelnen Mitglieds gesteuert.

4.3 Ein dynamisches Miteinander

Dieses dynamische Miteinander schafft eine *Struktur*. Eine Struktur, die sowohl durch Grenzen nach außen und durch Subsysteme mit Grenzen nach innen als auch durch horizontale (Spezialisierung) und vertikale (Hierarchie) Differenzierungen gekennzeichnet ist. Sie schafft auch Regeln für die Interaktion und Interaktionsmuster, eine gemeinsame Ideologie und ein Krisenmanagement.

Diese Struktur verleiht dem Miteinander relative Autonomie. So wird es zu einer „Einheit", die in ihre Umgebung in vielfacher Weise eingebettet ist. In anderen Worten: Das System und seine Mitglieder sind mit ihrer Umwelt vernetzt. Dabei werden fünf „Vernetzungstypen" unterschieden:

1. die gemeinsame Mitgliedschaft,
2. keine gemeinsame Mitgliedschaft, aber eine wichtige ökologische Verbindung,
3. keine gemeinsame Mitgliedschaft und keine ökologisch wichtige, also nur eine fakultative Verbindung,
4. das Subsystem: das heißt, als System unter- oder eingeordnet
5. das Suprasystem: das heißt, als System übergeordnet.

Mit seinen Outputs und Verbindungen bestimmt das System zu jedem Zeitpunkt sowohl die persönliche als auch die Systemökologie und damit auch seine Lage und Bedeutung im Netzwerk sowie darüber, wie erreichbar das angepeilte Ziel ist.

4.3.1 Die schöpferische Wirkung von Informationsaustausch – Systemische Veränderungen

Menschliche Systeme entstehen durch Kommunikation. Es gibt zwei ineinander wirkende Kohärenzen, die den Systemzustand schaffen:

– Die Systemkohärenz:
 Sie ist der grundsätzliche Zusammenhalt der Beteiligten als Systemmitglieder.
– Die Zustandskohärenz:
 Sie ist das Ergebnis zweier Ökologien, der persönlichen und der systemischen.

Die Systemkohärenz wird durch gemeinsame Interessen am zu erreichenden Ziel und – nach einiger Zeit – auch durch Loyalität geschaffen. Die Zustandskohärenz hingegen wird durch die jeweils vorherrschende persönliche und systemische Ökologie bestimmt.

Die Optimierungstendenz jedes Mitglieds führt dazu, dass diese Zustandskohärenz immer wieder überprüft wird: Dabei dreht sich alles um die Frage, inwieweit sie mit den Erfordernissen – sowohl mit der persönlichen und der zielbestimmten Ökologie als auch mit der durch die Mitglieder aufrechtzuerhaltenden Systemökologie – noch im Einklang steht.

Die in einem System zirkulierende Information besteht aus zwei Teilen, die immer in unterschiedlichem Ausmaß zu tragen kommen:

– Die Bestätigung ist jener Anteil, der den aktuellen Systemzustand untermauert und daher nichts Neues enthält.
– Die Erstmaligkeit ist jener Anteil, der etwas Neues einbringt und den vorherrschenden Systemzustand infrage stellt. Insofern kann sie beunruhigend und beängstigend, aber auch erfrischend wirken und Hoffnung geben.

Es ist daher wichtig, eine leicht und eine schwer annehmbare Erstmaligkeit zu unterscheiden. Das Ich-Haus, das den Traum vom gelungenen Selbst realisiert, bestimmt diese Annehmbarkeit.

– Die leicht annehmbare Erstmaligkeit steht mit dem Ich-Haus und seiner Werkzeugfunktion in nicht allzu starkem Widerspruch. Sie spricht die Möglichkeit an, die Ökologie im Allgemeinen und den TgS im Besonderen zu verbessern.
– Die schwer annehmbare Erstmaligkeit hingegen steht in starkem Widerspruch zur Werkzeugfunktion. Sie gefährdet die Ökologie und kränkt den TgS – und führt daher zur defensiven Optimierung als Gegenreaktion.

Während die Systemkohärenz hauptsächlich Information enthält, die der Bestätigung des Systems dient, kann die Zustandskohärenz durch die Erstmaligkeit der Optimierungstendenz der Mitglieder immer wieder gefährdet werden, was wiederum zu Veränderungen führen kann – Veränderungen, die durch die Ökologie der Mitglieder gefordert werden.

So bildet die Systemkohärenz in der Regel den Rahmen für die Veränderung der Zustandskohärenz.

4.3 Ein dynamisches Miteinander

Grundsätzlich wird die Veränderung durch zwei Typen von Feedbackprozessen gesteuert:

- Negatives Feedback vom Thermostattyp, durch das ein bestimmter Zustand aufrechterhalten wird, indem alle Störungen (Erstmaligkeiten) fern gehalten oder neutralisiert werden.
- Positives Feedback vom Verstärkertyp, durch das eine, sei es von innen auftretende oder von außen eindringende, Störung Echo findet, sich ausbreitet und eine Veränderung erzwingt.

Die Notwendigkeit zur Veränderung wird solange durch das positive Feedback getragen, bis durch das negative Feedback ein neuer ökologisch annehmbarer Zustand erreicht wird.

4.3.2 Die Bedeutung des Traums vom gelungenen Selbst für die Arbeit in Systemen

Wir können ein Humansystem als eine Einheit von Persönlichkeiten verstehen. Diese Sichtweise ist allerdings dann belastend, wenn das Miteinander dieser Persönlichkeiten in Schwierigkeiten gerät. Wenn Probleme auftauchen, die den Beteiligten unlösbar erscheinen, dadurch die Zirkulation zuträglicher Information versiegt, abträgliche Information in den Vordergrund tritt, entwickelt sich in der Folge eine Problemtrance mit ihrem lähmenden Einfluss auf die Beteiligten.

Was kann den Transport zuträglicher Information stören?

- *Abträgliche Information*
  Sie versteckt sich hinter einer Abwertung, einer Drohung, Ignoranz oder Spott.
- *Zuwenig Information ...*
  Auch Ignoranz kann den Informationsfluss zum Stocken bringen.
- *Toxische Information ...*
  Sie tritt auf in Form zweideutiger Information (wie Doublebind, Lügen oder widersprüchlicher Information aus dem System).
- *„Aufnahmestopp"*
  Die angebotene zuträgliche Information kann aus Ich-Haus-Gründen nicht aufgenommen werden.

4 Lösungsorientiertes ökosystemisches Denken

Jeder Mensch, der auf einen gestörten Informationsfluss stößt und gebeten wird, als Helfer einzugreifen, ist geneigt, Probleme anzusprechen, nach Fehlern zu suchen und vor allem Konflikte zu klären, um schließlich an der Kommunikation zu arbeiten. Geht er diesen Weg, wird er bald mit der Psychologie der Teilnehmer und mit allen ihren Eigenheiten konfrontiert. Dies ist nicht nur eine schwierige, sondern zumeist auch eine Zeit raubende und entmutigende Arbeit.

Kennt man allerdings den Traum vom gelungenen Selbst und seine Bedeutung und weiß man, wie er angesprochen werden muss, ist das eine große Erleichterung für die Arbeit. Wer dem TgS auf die richtige Weise zu begegnen weiß, scheint das Ich-Haus zu unterwandern. Die Angesprochenen werden zugänglicher. Sie lernen, einander zuzuhören und damit auch wieder zu kooperieren. Die Tendenz, aufeinander negativ zu reagieren, nimmt ab, die Fronten weichen auf, und Konflikte verlieren ihre Bedeutung; der Anteil an zuträglicher Information nimmt wieder zu.

Diese Entwicklung hebt die Problemtrance auf, eine Vorwärtsperspektive wird dadurch wieder möglich.

Und genau für diese Arbeit ist Reteaming das richtige Werkzeug.

4.4 DIE VIER PHASEN DES RETEAMINGS

Veränderungsprozesse können Probleme nach sich ziehen, die von den Beteiligten selbst oft nicht mehr gelöst werden können. Und schon befinden sich alle Systemmitglieder in einer Problemtrance. Reteaming will diesen Zustand aufheben, den Fluss zuträglicher Information fördern und die konstruktive Zusammenarbeit wieder in Gang bringen.

Wir wollen in der Folge die vier Phasen ausarbeiten, in die sich Reteaming gliedern lässt (siehe auch Abb. 2, S. 22).

4.4.1 Ziele setzen – Aufheben der Problemtrance

In der Einleitungsphase organisiert der Reteaming-Coach nach Zustimmung aller, die in ihrem TgS angesprochen werden, den Traum vom gelungenen Dialog. Er lässt dabei die Vielfalt der Meinungen ausdrücklich zu, um so den Traum von der gelungenen Teamfunktion anzusprechen: Jeder darf mitbestimmen, welches Ziel festgelegt wer-

4.4 Die vier Phasen des Reteamings

den soll, auch wenn dadurch mehrere Ziele bestimmt werden. Dabei hilft dem Coach die Vorschrift, „Probleme in Ziele verwandeln". Damit verhindert er einen Rückfall in Fehlersuchen und Schuldzuweisungen, die den angesprochenen TgS wieder kränken würden.

In einem nächsten Schritt spricht der Reteaming-Coach die Ökologie jedes Beteiligten in seiner Funktion im System und die Auswirkung dieser Systemfunktion auf das Umfeld an und entwickelt so eine Vision vom Traumteam, in dem jeder Beteiligte seinen TgS realisiert hat. So führt der Coach in dieser Phase eine annehmbare Erstmaligkeit „in höherer Dosis" zu und setzt dadurch der zirkulierenden abträglichen Information ein höheres Quantum zuträglicher Information entgegen.

Indem der Reteaming-Coach in der Dialogführung ein Ziel anspricht, hebt er die Problemtrance auf.

4.4.2 Ermöglichen – Hindernisse und Möglichkeiten

Der Reteaming-Coach arbeitet nun darauf hin, den TgS sicherzustellen. In dieser Phase fördert er die Fähigkeit der Beteiligten zur Beurteilung der Ressourcen im Hinblick auf ihr Ziel. Die Beteiligten bestätigen untereinander die von ihnen eingebrachten Ressourcen und sichern damit den TgS weiterhin ab. Und zwar auf der Ebene der sozialen Interaktion:

Vergangene Erfolge werden besprochen und die Personen, die dazu beigetragen haben, werden lobend erwähnt. Der Reteaming-Coach will damit aufzeigen, dass es Erfolge gegeben hat und dass es sie weiterhin geben wird – wenn auch vielleicht nicht so spektakulär. Mit diesem Schritt zerstreut er die letzten Reste der Problemtrance. Damit zeigt er den Betroffenen, dass der TgS realisierbar ist. Gleichzeitig bereitet er das Team darauf vor, die aktuelle Situation zu bewältigen. Dafür wird er annehmbare Erstmaligkeit oder zuträgliche Information zuführen.

Von der ersten Phase an verstärkt der Reteaming-Coach die Systemkohärenz. Dadurch verliert das Team seine Angst und gewinnt gleichzeitig Interesse an der Veränderung der Zustandskohärenz in Hinblick auf sein Ziel.

4.4.3 Jeder leistet einen Beitrag – Die Zustandskohärenz verändert sich

An diesem Punkt kann der Reteaming-Coach die Teammitglieder in die Beitragsphase überführen. Jeder Einzelne ist nun bereit, seinen

Beitrag zu bestimmen, so wie er seinem TgS entspricht und dienlich ist. Die Teammitglieder sind durch die Anerkennung der anderen für ihre bis dato geleisteten Beiträge bestärkt. Wichtig ist, dass das Augenmerk in dieser Phase zugleich auf die laufenden Erfolge jedes Einzelnen gerichtet ist.

Das „Erfolgs- und Fortschrittstagebuch" ist ein treuer Begleiter auf dem Weg zu dem angepeilten ökologischen Gewinn für die Teammitglieder als Personen wie als Systemmitglieder. Das Tagebuch und die Vorbereitung auf *setbacks* (Ben Furman betonte in einem Seminar die Bedeutung der Vorbereitung auf *setbacks* in dieser Phase des Reteamings) sichern die Teammitglieder gegen eine erneute Problemtrance ab. Die Zustandskohärenz verändert sich, wodurch die Teammitglieder beschützt werden.

4.4.4 Positiv Verstärken – Ein Denkmal setzen

In der vierten Phase des Reteaming-Prozesses gibt es eine neue Zustandskohärenz, die Systemkohärenz hat sich gefestigt. Der Reteaming-Coach zeigt den Teammitgliedern, was sie gemeinsam erreicht haben, und bestärkt sie in ihrem guten Willen:

Wieder werden die Beiträge zum Erfolg aller, jetzt im Rückblick, von den anderen festgestellt. Das schmeichelt dem TgS und fördert eine Atmosphäre der Annahme des TgS im Team. Diese positive Atmosphäre kann auch Dritte beeinflussen.

Nachdem sich das Blatt zum Guten gewendet hat, schreiben die Teammitglieder ihre positiven Erfahrungen in Form von Grundsätzen nieder. Durch dieses „Denkmal" wissen sie nun, dass sie sich jederzeit auf eine neue Runde der Veränderung der Zustandskohärenz einlassen können.

5 Reteaming und Gesundheit

Wilhelm Geisbauer

Kann Reteaming die Gesundheit der Menschen in Teams fördern, und wenn ja, wie?

5.1 Gesund – krank

Es existieren unzählige Definitionen von Gesundheit und Krankheit, aber keine ist hinreichend präzise, trennscharf und allgemein anwendbar (Schüffel et al. 1998, S. 1). Die Herangehensweise von Aaron Antonovsky, dem Begründer der *Salutogenese*, erscheint in diesem Zusammenhang sehr sinnvoll. Er hat darauf hingewiesen, dass Gesundheit und Krankheit zwei Pole innerhalb eines Kontinuums sind. Der Mensch befindet sich zwischen den beiden Polen „völlig gesund" und „sicher krank", wobei salutogene und pathogene Kräfte seine Position in die eine oder andere Richtung verändern können.

Hieraus begründen sich neue praktische Zielsetzungen: Wodurch kann man salutogene Kräfte anregen und fördern, und kann Reteaming dazu beitragen?

5.2 SALUTOGENESE

Warum ist es möglich, dass Menschen auch unter schwerwiegenden Belastungen gesund bleiben? Der israelische Arzt Aaron Antonovsky ergänzt die bis dahin in der Schulmedizin vorherrschende *Pathogenese* („Was macht Menschen krank?") um sein Konzept der *Salutogenese* („Was erhält/macht Menschen gesund?"). Im Zentrum seines Interesses stehen weniger die Risikofaktoren, sondern die Schutzfaktoren, Ressourcen und Potenziale, die Menschen körperlich und seelisch gesund erhalten bzw. dazu beitragen, dass sie sich auf dem Kontinuum zwischen Gesundheit und Krankheit in Richtung des Pols Gesundheit entwickeln (Reichel 2004).

Als Ergebnis jahrzehntelanger Forschungsarbeit beschreibt Antonovsky „salutogene" Kräfte, die dem Menschen helfen, Gesundheit zu entwickeln. Diese Kräfte fördern die Fähigkeit, mit den Belastungen des Lebens erfolgreich, d. h. kreativ, umzugehen, Antonovsky bezeichnet dieses Phänomen als „Sense of Coherence" (SOC).

Dieses „Kohärenzgefühl" scheint bereits in den Kindheitsjahren in seinen Grundzügen angelegt zu sein und bewirkt, dass wir mit den täglichen Belastungen wie auch mit schweren Traumata in einer uns eigenen Weise umgehen (Schüffel et al. 1998, S. 2).

5.2.1 Sense of Coherence („Kohärenzgefühl")

Unter Sense of Coherence, dem „Kohärenzgefühl", versteht Antonovsky eine erworbene Grundorientierung, die relativ stabile Überzeugung eines Menschen, inwiefern er die Anforderungen in seinem Leben

– als verstehbar, strukturiert, vorhersehbar und erklärbar,
– als handhabbar und zu bewältigen erlebt und
– einen Sinn darin sieht, sich mit diesen Anforderungen auseinanderzusetzen und sich zu engagieren

Verstehbarkeit *comprehensibilty*	Handhabbarkeit *manageability*	Bedeutsamkeit *meaningfulness*
⇓	⇓	⇓
Kohärenzgefühl Sense of Coherence ⇓⇓⇓		
GESUNDHEIT		

5.3 Reteaming und Kohärenzgefühl

Der SOC besteht also aus drei Komponenten:
Verstehbarkeit: Diese kognitive Komponente verhilft dem Individuum zu der Annahme, dass Informationen verstehbar sind, geordnet, in sich schlüssig, strukturiert und klar, also nicht chaotisch, ungeordnet, zufällig, willkürlich oder unerklärlich.

Handhabbarkeit: Hierbei handelt es sich um die eigene Welt der Akteure. Diese Dimension steckt das Spektrum ab zwischen der Position des Pechvogels, der im „Schlamassel" steckt, und der Position, das Leben mit seinen Abläufen in einer positiven Weise als Herausforderung zu sehen. Dies besagt, dass Hilfsquellen zur Verfügung stehen, die internalisiert sind oder von signifikanten anderen geliefert werden. Solche Quellen können Partner, Freunde, Kollegen, Ärzte, aber auch Gott oder eine Tradition oder eine Weltanschauung sein, in die man sich stellt, auf die man baut und der man vertraut. Diese Dimension schützt gegen das Gefühl, hilfloses Opfer zu sein.

Bedeutsamkeit: Dies ist die eigentliche emotionale Komponente. Die Welt und ihre Abläufe sind es wert, dass man sich engagiert. Man engagiert sich als Teilhaber desjenigen Prozesses, der das eigene Schicksal ebenso formt wie die täglichen Erfahrungen (Schüffel et al. 1998, S. 2–3). Es geht hier also um die Sinnhaftigkeit.

5.3 RETEAMING UND KOHÄRENZGEFÜHL

5.3.1 Wie kann das Kohärenzgefühl angeregt werden?

Kann es mit Reteaming gelingen, in Richtung der drei Komponenten des Sense of Coherence (Verstehbarkeit, Handhabbarkeit und Bedeutsamkeit) zu arbeiten, um den Betroffenen eine Chance auf ein gesünderes Leben zu eröffnen?

Reteaming ist mit seinen Standard-Prozessschritten, wie im ersten Kapitel (idealtypischer Reteaming-Prozess) beschrieben, optimal geeignet, den *Sense of Coherence* zu aktivieren:

Gefühl der Verstehbarkeit: Hier spielen klare Ziele und transparente Information eine große Rolle, außerdem die Art und Weise, wie diese Information im System verarbeitet wird. Die Verstehbarkeit wird durch moderierte Kommunikation mit den Beteiligten/Betroffenen gefördert.

Gefühl der Handhabbarkeit: Durch das Verfolgen von Zielen und Finden von Lösungen, die durch koordinierte Aktionsschritte (Stra-

5 Reteaming und Gesundheit

tegien, Regeln, Maßnahmen usw.) erfolgen, erscheint die Welt handhabbar, gestaltbar. Im System wird erkannt, wodurch es beeinflusst wird und was es gegen unerwünschte interne und externe Einflüsse unternehmen kann oder welche internen und externen Unterstützer es finden kann, wie es sich koordinieren kann, um mit diesen Einwirkungen fertig zu werden. Im Vorhinein geplante Strategien gegen Rückschritte sichern den Erfolg, und Fortschrittsmonitoring hält das positive Gefühl aufrecht, schon auf einem guten Weg zum Ziel zu sein. Frühere Erfolge und erkannte jüngste positive Entwicklungen stärken das Vertrauen in das Erreichen der Ziele.

Gefühl der Bedeutsamkeit: Erwartete individuelle und kollektive Gewinne geben einen Hinweis auf die Bedeutsamkeit des angestrebten Ziels. Transparente Kommunikation über Ziele und Visionen bringt das Wertesystem des sozialen Systems deutlich ans Licht. Teammitglieder sehen, ob sie es mitgestalten können – im Sinne einer Identitäts(weiter)entwicklung ihres Teams. Sie erkennen, ob dieses Wertesystem dem eigenen entspricht, und entscheiden, ob sie es mittragen wollen. Sie schätzen ein, ob sie im System nicht nur „Bestand" haben, sondern sich auch entwickeln und profilieren können.

Sense of Coherence (Kohärenzgefühl)	Verstehbarkeit			Handhabbarkeit			Bedeutsamkeit			
	comprehensibility			manageability			meaningfulness			
Methode	Vision („gute Zukunft – besser als erwartet")	Partizipation der Betroffenen	transparente Information	Ressourcen identifizieren	Koordination von Handlungen, Regeln, …	Monitoring des Fortschritts	Strategien bei Rückschritten	bedeutsame Ziele	Identifikation von Gewinn und Nutzen	Anerkennung für Beiträge	Erfolge bestätigen
Reteaming	✓	✓	✓	✓	✓	✓	✓	✓	✓	✓	✓
Twin Star	✓	✓	✓	✓	✓	✓	✓	✓	✓	✓	✓
Org.-Gesundheitsbild	✓	✓	✓	✓	✓	✓	✓	✓	✓	✓	✓

5.3.2 Exkurs: Burnout-Vorsorge

Leider scheuen sich die meisten Manager, Burnout-Vorsorge oder -Bewältigung auf der organisationalen Ebene anzugehen. Für sie ist Burnout ein Wespennest, in das man am besten nicht hineinsticht. Sie befürchten, dass sie – sobald Burnout als Problem anerkannt würde – von Anfragen aus der Belegschaft überhäuft würden, die eine Verringerung der Arbeitsbelastung oder die Einführung kostspieliger Programme für die „Qualität des Arbeitslebens" fordern. Sie sind nicht der Meinung, dass Burnout in den Verantwortungsbereich des Arbeitgebers fällt (Maslach 1997, S. 66) und „sourcen" dieses Thema gerne an Experten der Medizin „aus" (Scala 2005).

Ich glaube, es ist ein schwerwiegender Fehler, Burnout zu ignorieren, denn es betrifft die Wirtschaftlichkeit des Unternehmens. Durch die Übernahme von Verantwortung bei der Bewältigung von Burnout handelt das Unternehmen so, dass es sich langfristig eine leistungsfähige Belegschaft sichert, also ist das durchaus eine nutzenorientierte Maßnahme, besonders auch angesichts der durch Rentenreformen geplanten deutlich verlängerten Lebensarbeitszeit der Menschen.

Bleibt zu hoffen, dass hier bald ein Umdenken einsetzt, steht doch mit Reteaming schon ein wirksames Instrument zur Burnout-Behandlung und -Vorsorge zur Verfügung, das noch dazu von der Wirtschaftlichkeit in keinem Verhältnis zu den ausufernden Kosten der „Wiederherstellungsmedizin" (z. B. Rehabilitationszentren für Bandscheibenvorfälle u. ä.) steht.

5.4 Zusammenfassung

Reteaming enthält alle Elemente, die für die Salutogenese maßgeblich sind:

- Zielorientiertheit
- Bilderdenken
- Perspektiven entwickeln
- Bewältigungsstrategien finden
- Ressourcen erkennen und nutzen
- Focus auf Fortschritte lenken

5 Reteaming und Gesundheit

– Strategien für Rückschläge erarbeiten
– Erfolge bestätigen

Es kann behauptet werden, dass Reteaming bei entsprechender Anwendung sich sowohl bei der Erhaltung wie auch bei der Wiederherstellung der Gesundheit bewährt. Die „Möglichkeit des Andersseins" (Watzlawick 1991) steht im Vordergrund, und der Weg führt in das „Möglichkeitenland" zur Verwirklichung des Bildes vom autonomen Menschen. Dabei können sich die Betroffenen die Chance auf ein gesünderes Leben schaffen, wovon nicht nur sie selbst, sondern auch die Unternehmen profitieren.

6 Führen mit Reteaming[1]

Ernst Aumüller

6.1 Reteaming und der Traum vom gelungenen Führen

Seit ich mit Reteaming arbeite, beschäftigt mich als Coach und Trainer von Führungskräften die Frage, welchen Nutzen oder Gewinn die lösungsorientierte Haltung einer Führungskraft für das Führungsgeschehen haben kann. Da ich über acht Jahre als Personal- und Bildungsmanager in einem Konzern tätig war, ist es für mich nahe liegend, die Antwort darauf auch im Hinblick auf die tatsächlich erlebte Führungspraxis zu geben.

6.1.1 Wertschätzung oder: Der Zwei-Prozent-Faktor

Vielleicht ist es eine eher deutsche, vielleicht aber auch eine mitteleuropäische „Tugend", die 98 % – oder lassen Sie es manchmal auch 95 % – sein, die wir auf einem bestimmten Gebiet schon erreicht haben, unter den Teppich zu kehren, um uns mit voller Energie auf die verbleibenden 2 % bzw. 5 % zu stürzen, die noch defizitär sind. So geben mir Manager auch unumwunden immer wieder zu, dass sie sowohl bei den eigenen Leistungen als auch bei denen der Mitarbeiter diese Zwei-Prozent-Faktor-Brille aufhaben.

Führen aus der Haltung von Reteaming heraus bedeutet, bei den bereits gelungenen Leistungen anzufangen, sie wertzuschätzen und dann weitere Lösungsmöglichkeiten ins Auge zu fassen, die – das sei vorweggenommen – auch in einem „Weder-noch" liegen können.

---

1 Große Teile dieses Kapitels wurden erstmals in der Zeitschrift *LO Lernende Organisation*, www.LO.net sowie im Buch „Evolutionäres Management" von Sonja Radatz (Hrsg., 2003) veröffentlicht.

6 Führen mit Reteaming

Aus der Coaching-Praxis heraus hat es sich für mich dabei bewährt, den Führungskräften nicht als Moralapostel vorzuhalten: „Wann haben Sie das letzte Mal Ihre Mitarbeiter gelobt?", sondern behutsam über den Weg des authentischen Kompliments sie an die eigenen Erfolge, Ressourcen und Potenziale heranzuführen – also eher nach dem Motto: „Wann haben Sie systematisch und bewusst Ihre eigenen Fortschritte wahrgenommen und sich selbst Wertschätzung zukommen lassen?"

Auf dem Weg vom kritischen Manager mit der Zwei-Prozent-Brille hin zur wertschätzenden, lösungsorientierten Führungskraft empfehle ich eine bedächtige Vorgehensweise. Es irritiert die Mitarbeiter vollkommen, wenn der Vorgesetzte auf einmal „Kreide gefressen" hat. Die Führungskraft, die diesen Weg gehen will, könnte sich beispielsweise fragen: „Welche Komplimente mir selbst gegenüber nehme ich mir denn ab?", bevor sie damit an Mitarbeiter herangeht.

So viel steht aber auch schon fest: Wer diese ressourcenorientierte 98-Prozent-Brille als Führungskraft einmal aufgesetzt hat, der motiviert sich und seine Mitarbeiter meist ohne Mühe. Außerdem ist er realistischer geworden – oder halten Sie es für realistisch, 98 % der Wirklichkeit wegzufiltern?

6.1.2 Ziele und Visionen

Führung ist ja nun nicht *nur* dazu da, Mitarbeiter zu motivieren und eine Atmosphäre der Wertschätzung zu schaffen. Führung bedeutet auch die Formulierung von Zielen und Visionen, ihre Vereinbarung und ihre Umsetzung. Im Idealfall ist es möglich, Ziele gemeinsam mit den Mitarbeitern zu formulieren, gemeinsame Visionen zu entwickeln und sich dann gemeinsam an ihre Umsetzung zu machen.

In vielen Fällen ist dieser Vereinbarungsprozess so nicht möglich. Dann ist es für meinen Geschmack auch nicht angebracht, von Zielvereinbarung zu sprechen, sondern dann geht es um Zielvorgaben.

Aus der Haltung des Reteamings heraus gilt es aber auch bei gesetzten Zielen, die Mitarbeiter in den Lösungsweg einzubeziehen, denn oft wissen *sie* den Weg aus der Sackgasse und nicht der Vorgesetzte. Außerdem ist sich die systemisch-lösungsorientierte Führungskraft ohnehin bewusst, dass sie auch oder gerade bei gesetzten Zielen erst einmal eine gemeinsame Wirklichkeit hinsichtlich der Bedeutung dieser Ziele herstellen muss.

6.1 Reteaming und der Traum vom gelungenen Führen

Wenn von Kritikern gesagt wird, lösungsorientiertes Denken und Handeln wäre nichts Neues, sondern banal und einfach, so kann man genau an dieser Stelle Steve de Shazer zitieren: Ja, es stimmt: „It's simple, but not easy."

Lösungsorientierung zeigt sich eben nicht in eleganten Managementphilosophien, sondern im konkreten Handeln des Führungsalltags, begleitet von der Stehaufmännchenfragen: „Was ist unser Ziel? Wie könnte die Lösung aussehen? Wer könnte bei der Lösung behilflich sein?", die mich als Führungskraft immer wieder aus der Schlinge der Problemtrance befreien.

Eine weitere Möglichkeit, Mitarbeiter sinnvoll auch an gesetzten Zielen zu beteiligen, ist der nächste Schritt.

6.1.3 Erfolge und Gewinne

Bei einer neuen Aufgabenstellung, einem neuen Projekt haben wir es recht häufig mit der Erstmaligkeit von Information für die Führungskraft, aber auch für die Mitarbeiter zu tun.

Nun gilt es zu prüfen, ob es sich um eine leicht annehmbare Erstmaligkeit oder aber um eine schwer annehmbare Erstmaligkeit für den Vorgesetzten wie für die Mitarbeiter handelt.

Leicht annehmbare Erstmaligkeit ist immer dann gegeben, wenn ich mir von dieser Erstmaligkeit eine Verbesserung meiner Ökologie, in den Worten von Harry Merl: eine Verbesserung meines „Traums vom gelungenen Selbst" erwarten kann. Ein einfaches Werkzeug, dies zu überprüfen, ist die Frage nach den Erfolgen, Vorteilen und Gewinnen, die die Führungskraft, die Mitarbeiter, die Vorgesetzten der Führungskraft und das gesamte Unternehmen von einer neuen Aufgabenstellung oder Aktion haben.

Sollte für einen der Beteiligten kein Vorteil zu identifizieren sein, dann hat die Führungskraft Handlungsbedarf, der nicht selten im Aushalten von unauflösbaren Widersprüchen besteht, die mit der Führungs- als Sandwichposition einhergehen. Es gilt dann, diese zunächst schwer annehmbare Erstmaligkeit zu akzeptieren und so zu transformieren, dass wieder ein Zugang zum „Traum vom gelungenen Selbst" möglich wird. Fragen dazu könnten sein: Welche Chancen könnten sich trotz aller Vorbehalte doch hinter dieser neuen Situation, diesem neuen Projekt verbergen? Wozu gibt diese Situation Anlass? Etc.

Mit der Dynamisierung der Veränderungsprozesse seit etwa Ende der 1980er-Jahre ist die Erstmaligkeit von Information ohnehin

6 Führen mit Reteaming

ein Dauerzustand, der von der Führungskraft, verantwortlich mitgesteuert werden will. Die Aufgabenstellung heißt hier für die Führungskraft erstmalige Informationen in zuträgliche Informationen zu transformieren.

Hierzu ein Beispiel.

Nehmen wir an, dass im Rahmen einer Umstrukturierung eine Abteilung dezentralisiert und damit aufgelöst werden soll. Der Abteilungsleiter wird danach persönlich sogar eine bessere Position bekommen und hat keine große Lust mehr, sich mit den Mitarbeitern der für ihn schon alten Abteilung herumzuschlagen.

Weil er sich nicht mehr interessiert, informiert er spärlich und manchmal zweideutig. Er sagt etwa: Die Abteilung wird sicher dezentralisiert, und wenn ihr nicht aufpasst, kann es dem einen oder andern schon passieren, dass er dabei unter die Räder kommt.

Er könnte im Sinne der Transformation in zuträgliche Informationen auch anders mit der neuen Situation umgehen. Er könnte sagen: Obwohl für mich gesorgt ist, bleibe ich euer Chef, bis jeder von euch eine Stelle hat, die im Rahmen des Möglichen für ihn passt. Überlegt *ihr* euch aber, was für euch eine günstige Lösung sein könnte, dann können wir gemeinsam sehen, was sich erreichen lässt. Ihr könnt euch jederzeit mit Fragen an mich wenden, falls irgendwelche Zweifel oder Gerüchte auftauchen.

Was kann den Transport zuträglicher Information stören?

– *Abträgliche Information*
  Sie versteckt sich hinter einer Abwertung, einer Drohung, Ignoranz oder Spott.
– *Zu wenig Information*
  Auch Ignoranz kann den Informationsfluss zum Stocken bringen.
– *Toxische Information ...*
  ... in Form zweideutiger Information (wie Double Bind, Lügen oder in Form widersprüchlicher Information aus dem System).
– *„Aufnahmestopp"*
  Die angebotene Information kann aus Ich-Haus-Gründen[2] nicht aufgenommen werden (nach H. Merl)

2 Unter Ich-Haus-Gründen versteht Harry Merl den Widerspruch zu den einzelnen „Räumen" des Ich-Hauses wie Überzeugungen, Werten, Zielen und dergleichen (s. Abschnitt 4.2.2)

6.1 Reteaming und der Traum vom gelungenen Führen

6.1.4 *Baby steps* und der ehrliche Umgang mit Ressourcen

Sind die Erfolgsaussichten für eine Aufgabenstellung oder ein Projekt geklärt, geht es an die Umsetzung. Dabei empfehlen wir von Reteaming-Seite baby steps, das heißt kleine Schritte. Wir fragen: „Geht es noch leichter oder noch einfacher?"

Nicht, weil wir glauben, dass eine möglichst langsame oder einfache Umsetzung eine möglichst gute Umsetzung bedeutet, sondern weil die Umsetzung kleiner Schritte, die zumeist zusätzlich zum Tagesgeschäft hinzukommen, einfach realistischer ist und mehr Erfolg verspricht als das Vorgehen in Siebenmeilenstiefeln.

Auf der mentalen Ebene bedeutet dies ein möglichst hohes Maß an zuträglicher, erstmaliger Information, denn es gibt ja nicht so viel (Neues) zu tun. Denn ein Zuviel und ein Zuviel an Neuem kann tendenziell sehr leicht zur abträglichen Information werden und damit zur Blockade beim Mitarbeiter wie beim Vorgesetzten führen („Was soll ich denn noch alles tun?").

Kritisch sei an dieser Stelle der beliebte Brauch erwähnt, Mitarbeitern, die zu einem Tag pro Woche für ein Projekt abgestellt sind, dafür de facto keine Zeit einzuräumen bzw., als Steigerung hiervon, einen Mitarbeiter als Vollzeit-Projektmitglied gleichzeitig für zwei oder drei Projekte einzusetzen. Das hat mit einem verantwortlichem und ehrlichen Umgang mit Ressourcen nichts mehr zu tun.

Auf der anderen Seite sind viele Projektteams mit einer lösungsorientierten Vorgehensweise im Sinne des Reteamings besser beraten als mit dem manchmal stundenlangen Analysieren von Problemen oder, noch schlimmer, dem Suchen des Schuldigen. Hier geht Zeitqualität vor Zeitquantität. Und Zeitqualität entsteht eben auch wieder durch die Zirkulation zuträglicher Informationen, die übrigens wiederum sehr zeitsparend und effizient ist.

6.1.5 Systemisch-ökologisches Controlling

Da Systeme immer auch komplex sind und die Kommunikation auch nichttriviale Prozesse zu berücksichtigen hat, tut sich die Führungskraft nicht nur selbst etwas Gutes, wenn sie sich Inseln der Reflexion mit ihren Mitarbeitern zusammen oder auch für sich allein oder mit einem eigenen Coach einrichtet.

Diese Inseln der Reflexion sind kein Luxus, sondern Erfolgsgaranten im Sinne eines systemisch-ökologischen Controllings. Im Alltagsbetrieb fehlt einem doch leicht der nötige Abstand, um auch

6 Führen mit Reteaming

die Welt der anderen gelten zu lassen oder ganz allgemein sich der Nichttrivialität zu stellen. Auch hier gilt: Die Zeit, die für die Reflexion nichttrivialer Phänomene oder, konkreter gesagt, „abweichender, vermeidender oder abwartender" Verhaltensmuster einzelner Mitarbeiter aufgewendet wird, rechnet sich schnell, wenn dadurch wieder eine gemeinsame Lösungswirklichkeit geschaffen wird.

Im Sinne der Möglichkeitswaage, von der wir beim Reteaming sprechen, hat auch der Manager immer genau darauf zu achten, wo die förderlichen Tendenzen bei einem Projekt, einer Aufgabenstellung liegen und wo die Hindernisse oder Stolpersteine.

Manchmal ist es eben dann genug, 88 % erreicht zu haben und auf die restlichen 12 % zu verzichten, weil diese nur mit einem unverhältnismäßig hohen Aufwand zu bewerkstelligen wären. Sich als Führungskraft deutlich zu machen, dass dies vernünftiger sein kann, als immer die 100-Prozent-Lösung um jeden Preis anzustreben, dazu lädt Reteaming ein. Die Anforderungen an die Person der Führungskraft sind dabei hoch – sie hat ein ganzes Rollenset flexibel zu beherrschen und dabei grundsätzlich zu entscheiden, ob sie sich in die Position des Optionseröffners, Zuhörers oder Coachs im Sinn eines „Sowohl-als-auch" und „Weder-noch" begibt oder aber in die Position des Entscheiders, Machers und Klärers im Sinn des „Entweder-oder" (siehe auch Abschnitt 2.9.4, Abb. 3)

6.1.6 Erfolge feiern oder: Der Traum vom gelungenen Geführtwerden

Wenn nun eine Aufgabenstellung oder ein Projekt zu Ende gebracht wurden – sei es als Gesamtleistung des Teams oder als Leistung einzelner Mitarbeiter –, unterscheidet sich der von Reteaming geprägte Manager dadurch von anderen, dass er eine ganze Bandbreite von Möglichkeiten kennt, wie er mit seinen Mitarbeitern die errungenen Teilerfolge und Erfolge feiert.

Hier geht es nicht um aufwändige Betriebsfeste, sondern um die Wertschätzung von Erfolgsleistungen, um eine Zäsur, eine Atempause, eine Rast, wie sie doch jeder macht, der einen Gipfel in den Bergen bezwungen hat: Er genießt die Aussicht, schöpft neue Kräfte und spürt, dass sich die Anstrengung gelohnt hat, ja er spürt das manchmal so sehr, dass er die Anstrengungen fast schlagartig vergisst und sich nach anderen, noch höheren Gipfeln umsieht, die vielleicht eine noch schönere Aussicht versprechen.

6.1 Reteaming und der Traum vom gelungenen Führen

Ein Vorgesetzter, der sich auf das rechte Begehen der Mitarbeiter- und der Teamerfolge versteht, der kommt wahrscheinlich nahe an den Punkt heran, den seine Mitarbeiter vielleicht *den Traum vom gelungenen Geführtwerden* nennen.

6.1.7 Checkliste für den Traum vom gelungenen Führen
Wertschätzung
- Welche Erfolge habe ich heute, die vergangene Woche zu verzeichnen, was ist mir gut gelungen?
- Was haben meine Mitarbeiter (vor allem auch die, die ich besonders kritisch sehe) zuwege gebracht? Was kann ich im Sinn eines authentischen Kompliments in einer Regelkommunikationsrunde erwähnen?
- Wie schaffe ich Möglichkeiten für die Mitarbeiter, sich positive Rückmeldungen zu geben und Wünsche aneinander zu äußern?
- Wo hänge ich oder einer der Mitarbeiter an einer sachlichen 100-Prozent-Lösung fest, die unwirtschaftlich ist, weil ab 80 % aufwärts der Aufwand zu groß wird?

Ziele und Visionen
- Wo kann ich auf Zielvereinbarungen und Zielvorgaben im Sinne einer Selbststeuerung verzichten?
- Wo kann ich Ziele mit meinen Mitarbeitern wirklich vereinbaren?
- Welche Ziele werden mir gesetzt, die ich so weitergeben muss, und welche Möglichkeiten sehe ich, die Mitarbeiter in den Lösungsprozess dieser gesetzten Ziele einzubeziehen?
- Welche vielleicht verrückten Visionen haben ich und meine Mitarbeiter von unserer Aufgabe, unserem Team? Wie sieht unser Erfolgsfilm aus?

Erfolge und Gewinne
- Wie schätzen meine Mitarbeiter den Erfolg, die Vorteile ein, die sie persönlich beim Erledigen dieser anstehenden konkreten Aufgabe (dieses Projekts) haben?
- Wie schätze ich meine eigenen Vorteile dabei ein?
- Was hat mein direkter Vorgesetzter, was haben relevante Kollegen davon, wenn ich bzw. wir das Ziel erreichen?

- Welche Gewinne sind für das Unternehmen/die Firma zu erwarten, wenn wir bei unserem Vorhaben erfolgreich sind?
- Welche Wege sind möglich, um für alle Beteiligten „Gewinnaussichten" zu erzielen (vielleicht sind es vordergründig Umwege?)

Baby steps und Ressourcen
- Wo und wie können wir/kann ich es uns/mir noch leichter bzw. einfacher machen (ohne Abstriche beim Ziel!)?
- Können wir mit noch kleineren Schritten anfangen, dafür aber gleich morgen schon?
- Haben wir wirklich genügend Ressourcen (Sachmittel, Manpower, Know-how)? Wenn nein, wer oder was kann uns beim Vorgehen realistisch unterstützen? Was müssen wir selbst machen, was können wir eventuell abgeben oder machen lassen?
- Welche Schritte muss ich bzw. müssen wir gehen, wenn die Ressourcen offensichtlich nicht reichen?
- Wie sieht die Kapazitätsplanung auf der Zeitleiste aus? (Vielleicht lassen sich ja Aufgaben verschieben?)
- Wer von den Mitarbeitern ist womöglich schon an der Leistungsobergrenze, wer ist vielleicht unterfordert?

Systemisch-ökologisches Controlling
- Wie lassen sich die bisher gestellten Fragen lösungsorientiert beantworten?
- Welche Rolle spiele ich in meiner Führungsaufgabe dabei?
- Wo muss, wo will ich mich besonders positionieren?
- Für welche Fragen brauche oder gönne ich mir eine Hilfestellung? Wer oder was könnte diese Hilfestellung sein?

Erfolge feiern
- Welche Art der Erfolgsrückmeldung ist für welchen meiner Mitarbeiter besonders geeignet (es gibt stille Genießer, die sachlich gelobt werden wollen, genauso wie solche, die den großen Aufwand lieben)?
- Welche Art des Erfolgefeierns entspricht mir persönlich am besten, was passt in unseren Unternehmensrahmen?
- Wann ist der beste Zeitpunkt für den Genuss des Erfolgs?

6.2 Das Rollenset der Führungskraft

6.2.1 Innere Haltung und beobachtbares Verhalten als Lernfelder

Wer ganz allgemein bezüglich seines Führungsverhaltens dazulernen will, hat sich grundsätzlich mit seiner inneren Haltung und seinem äußeren beobachtbaren Verhalten auseinander zu setzen, beides lebenslang, wie ich meine.

Beim Reteaming geht es uns bei der inneren Haltung um das Welt- und Menschenbild in seiner lösungs- und zielorientierten Ausrichtung. Damit ist die 98-Prozent-Sicht als Basis gemeint, von der aus ich meine Aufmerksamkeit in Richtung Zukunft, Lösung und Erfolg oder Zufriedenheit lenke.

Das ist leicht so hingeschrieben, aber Hand aufs Herz: Wie oft befinden wir uns nicht im inneren Dialog, der uns entweder mit uns selbst über die noch nicht erreichten 2 % hadern lässt oder uns mit vergangenheitsbezogenen Vorwürfen belastet? Als ständige Übung hilft hier, sich immer wieder klar zu machen, dass Vergangenheit vergangen und unveränderbar ist, dass ich aber im Hier und Jetzt in Gedanken und in der Haltung Lösungen entwickeln kann, die die Lage in der Zukunft verbessern.

Eine Ausnahme gibt es hier: Ich kann natürlich in mein Repertoire an Erfahrungen schauen, um Ressourcen für meine Lösungen aus der Vergangenheit abzurufen. Ich beantworte mir damit die Frage nach den schon erlebten Erfolgen und den Kräften in mir, die diese ermöglicht haben.

Die innere Haltung bezieht sich aber nicht nur auf mein Selbstbild, sondern – in meiner Eigenschaft als Führungskraft – ganz besonders auf die Menschen, die ich im jeweiligen Kontext zu führen habe. Schaffe ich durch meine Einstellung und das daraus resultierende Führungsverhalten eine Beziehung oder eine Dynamik, die lösungsorientierte Vorgehensweisen ermöglicht und Mitarbeiter dazu ermutigt? Oder bin ich als Energieblockade unterwegs?

Auf der Seite des beobachtbaren äußeren Verhaltens geht es häufig um das reine Üben, wenn die innere Haltung vorhanden ist: Wie oft drücke ich tatsächlich Wertschätzung aus? Wann nehme ich mir wirklich Zeit, Mitarbeiter anzuhören und ihre Kreativität durch geeignete Fragen anzuregen? Wie geschickt bin ich in meinem Kommunikationsverhalten? Usw.

6.2.2 Entscheider und Coach – zwei Seiten einer Medaille

Als Führungskraft bin ich ständig verschiedenen Dilemmas oder prinzipiell unentscheidbaren Situationen ausgesetzt. Wie auch immer ich es mache, werde ich so oder so einen bestimmten Preis für mein Verhalten bezahlen und genauso gewisse Gewinne einstreichen können, und ich habe die Freiheit, mich so oder so zu entscheiden. Das macht das Führungsgeschäft ja eigentlich erst spannend.

Eine grundsätzliche Unterscheidung sehen wir zwischen der Rolle des Entscheiders und der des Coachs oder Beraters.

Der klassische Manager war geprägt davon, viele und oft sehr risikoreiche Entscheidungen zu treffen, und das in der Einsamkeit des Gipfelstürmers. Diese Funktion des Entscheidens und damit der Übernahme von Verantwortung wird der Führungskraft auch in vielen Situationen bleiben.

Hinzu kommt eine zweite Funktion oder Rolle: die des Coachs oder Beraters. In einer Zeit, in der die Mitarbeiter ihre Vorgesetzten im Bereich der Fachkompetenz häufig überragen, gilt es zu überlegen, wie die Mitarbeiter ihre Fachkompetenz am besten zur Geltung bringen können, ohne die Ziele des Bereiches aus dem Auge zu verlieren oder den Kontext falsch einzuschätzen.

Hier ist der Vorgesetzte mehr in der Rolle des Coachs, der durch geeignete Fragestellungen das Know-how der Mitarbeiter wie eine Lösungshebamme zur Welt bringen hilft oder durch die geduldige Art des Zuhörens Räume für die Mitarbeiter schafft, die es ihnen ermöglichen, innovative Ideen zu generieren und ein weites Feld von Optionen zu entdecken. Diese Rolle beginnt da, wo der Vorgesetzte mit ernsthaftem Interesse die Vorstellungen der Mitarbeiter erfragt, und kann so weit gehen, dass er sie tatsächlich mit einer für die Situation angemessenen Methode berät (z. B. mit dem *System-Umfeld-Assessment*, siehe Abschnitt 11.1.1, wenn es in einem Projekt klemmt und er weder aus noch ein weiß).

Um Verunsicherungen bei den Mitarbeitern vorzubeugen, tut der Vorgesetzte gut daran zu markieren, d. h., zu verdeutlichen, in welcher der beiden Rollen er sich zu bewegen gedenkt. Damit schafft er Transparenz und Rollenklarheit für sich und sein Umfeld.

6.2.3 Das Rollenset im Dreieck von Strategie, Struktur und Kultur

Neben der grundsätzlichen Entscheidung, ob ich als Coach oder Entscheider agiere, ergeben sich aus den Schwerpunktfeldern des Drei-

6.2 Das Rollenset der Führungskraft

ecks der Organisationsentwicklung (vgl. Abschnitt 2.9.1.) spezifische Kontexte, die zu bestimmten Rollen führen:

	Entscheider	Coach
Strategie, Ziele	Visionär und Stratege: Zielvorgaben, Produktentscheidungen, Festlegung von Kernkompetenzen und Schlüsselkunden ...	fragt die Mitarbeiter nach Zielen, nach möglichen Kunden und Neuprodukten und Unternehmenszielen ...
Struktur, Prozesse	Pragmatiker und Manager: definiert Abläufe und Organisationsstrukturen, gibt Ressourcen- und Aufgabenverteilung vor ...	fragt die Mitarbeiter nach den günstigsten Möglichkeiten, die Arbeit und die Organisation zu gestalten, erkundigt sich nach erforderlichen Ressourcen ...
Kultur, Klima	Motivator und Unterhalter: verordnet Teamentwicklungsprozesse, entscheidet, wer daran teilnimmt ...	Mediator und Sponsor: ermöglicht Personal- und Teamentwicklungsprozesse in Abstimmung mit den Mitarbeitern, anerkennt Erfolge, fragt die Mitarbeiter nach Faktoren, die sie noch mehr motivieren könnten ...

Diese Aufzählung ist exemplarisch und kann im Detail sinngemäß fortgeführt werden. Sie möchte Führungskräfte dazu anregen, ihre eigenen Optionen und Variationsmöglichkeiten zu erkennen und im Alltag auszubauen. Gleichzeitig ermöglicht sie es dem einen oder anderen, darauf zu achten, was seine Lieblingsrollen sind und wo er noch Entfaltungspotenzial hat.

6.2.4 Führung im Zeichen des Zwillingssterns (Twin Star)

Ben Furman und Tapani Ahola haben während ihrer vielfältigen Aktivitäten als Berater in Unternehmens- und Arbeitskontexten vier Faktoren identifiziert, die eine bessere Zusammenarbeit und positive Erfahrungen bewirken, und vier Schlüsselproblemfelder, mit denen besonders aufmerksam umgegangen werden sollte, damit die Atmosphäre am Arbeitsplatz nicht Gefahr läuft, vergiftet zu werden. Sie haben diese insgesamt acht Felder im Bild des Twin Star (Zwillingssterns) zusammengefasst (Furman a. Ahola 2004):

6 Führen mit Reteaming

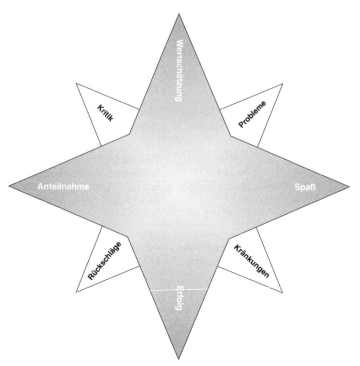

Abb. 1: Twin Star (aus Furman u. Ahola 2004)

Die vier positiven Schlüsselfaktoren:
- Wertschätzung (Appreciation)
- Spaß und Humor (Fun)
- Erfolg (Success)
- Anteilnahme (Caring)

Die vier Schlüsselproblemfelder:
- Probleme (Problems)
- Kränkungen (Hurts)
- Rückschläge (Setbacks)
- Kritik (Criticism)

Die vier positiven Schlüsselfaktoren
a) Wertschätzung
Dieser Faktor wurde schon eingangs beschrieben. Bei der Wertschätzung ist als Tipp noch hilfreich, dass indirekte Wertschätzung oft grö-

6.2 Das Rollenset der Führungskraft

ßere Wirkung zeigt als direkte. Wenn Ihr Kollege oder Ihr Chef Ihrem Mitarbeiter sagt, dass Sie ihn wertschätzen, ist die Wirkung größer, als wenn Sie eventuell auch noch völlig unverhofft am Arbeitsplatz des Mitarbeiters erscheinen und ihm feierlich eröffnen, wie sehr Sie seine Arbeit wertschätzen. Im diesem Fall könnte die Wirkung auch die sein, dass der Mitarbeiter alle möglichen Fantasien um die Frage herum entwickelt, warum Sie so handeln. Also achten Sie auf authentische Komplimente, und erzählen Sie wertschätzende Meinungen über Mitarbeiter durchaus weiter, um die Chance der indirekten Wertschätzung zu erhöhen.

Weiterführende Fragen:
– Wie drücke ich Wertschätzung so aus, dass sich meine Mitarbeiter am besten fühlen?
– Welche Möglichkeiten habe ich, meinen Mitarbeitern zwischen den Zeilen zu zeigen, dass ich sie schätze?
  Zum Beispiel:
   – Interesse an ihrer Arbeit zeigen,
   – sie um Rat oder Unterstützung bitten,
   – ihre Meinung erfragen und ihnen rückmelden, wie wichtig Ihnen ihr Standpunkt ist,
   – den Mitarbeitern rückmelden, wie hilfreich Ihnen ihr Rat oder ihre Unterstützung war …

b) Spaß und Humor
Die An- oder Abwesenheit von Spaß und Humor ist ein vielleicht mittelbarer Indikator für die Stimmung und die Atmosphäre in ihrem Team. Unbestritten sind die vielen positiven Auswirkungen einer humorvollen Umgebung. Angefangen bei der Bedeutung, die Lachen für unser gesundheitliches Wohlbefinden und für die Stressprophylaxe hat, bis hin zur Steigerung von Kreativität und Erfindungsreichtum und einer daraus sich entwickelnden höheren Problemlösungskompetenz. Humor erleichtert das Miteinander und löst Energieblockaden auf, damit wächst in der Regel die Arbeitszufriedenheit.

Humor und Spaß lassen sich allerdings nicht erzwingen – sie führen zu einer guten Arbeitsatmosphäre und sind Folge einer solchen.

Weiterführende Fragen:
- Wie steht es mit dem Humor, dem Spaß bei meinen Mitarbeitern? Wie oft wird gelacht, wird überhaupt noch gelacht, oder hat niemand mehr etwas zu lachen?
- Welche Atmosphäre von Humor gebe ich (vielleicht indirekt) durch meine Person vor: versteckten Humor, schöngeistig-intellektuellen, nur für einige wenige Auserwählte verständlich, oder einen Humor, der niemanden zu Wort kommen lässt?
- Wo ziehe ich die Grenze zwischen Humor und verletzenden Späßen auf Kosten anderer?
- Wie setzte ich Ironie oder Sarkasmus ein?
- Wie könnte ich eine humorvolle Arbeitssituation als Vorgesetzter fördern?

c) Erfolg
Erfolg beflügelt unsere Leistungsfähigkeit und unsere Motivation für weitere Erfolge. Auf der anderen Seite ist Erfolg das seltene Gut, auf dem Karrieren aufbauen und das mir als Führungskraft womöglich als Aufstiegshilfe beim Erklimmen der Karriereleiter hilfreich ist. Deshalb ist die Frage, wie mit Erfolg und Erfolgen umgegangen wird, keine neutrale oder leidenschaftslose Angelegenheit.

Ich muss mich als Vorgesetzter grundsätzlich entscheiden, ob ich Erfolg auf Kosten meiner Mitarbeiter anstrebe, um die Karriereleiter möglichst schnell nach oben zu klettern, oder ob ich den Erfolg zusammen mit meinen Mitarbeitern erziele zum gegenseitigen Nutzen oder ob ich mich sogar noch einen Schritt weiterwage und meinen Mitarbeitern, auf den Feldern, auf denen sie Stärken oder auch Entwicklungspotenzial habe, den Erfolg überlasse.

Der eigene kurzfristige Gewinn mag zur ersten Variante verführen. Für die langfristige fruchtbare Entwicklung halte ich die Varianten 2 und 3 für günstiger, und zwar günstiger für Sie als Führungskraft genauso wie für die Mitarbeiter und die Prägung ihrer Unternehmens- und Bereichskultur.

Ich habe Bereiche und Teams erlebt, für die Mitarbeiter aus Nachbarbereichen Schlange stehen, nur weil der Vorgesetzte dort dem den Erfolg lässt, welcher ihn verdient hat, und der mit seinen Mitarbeitern nach Situationen sucht, in denen sie noch erfolgreicher werden können. Die Aussage der Mitarbeiter war immer einhellig die, dass sie in dieses Team, in diesen Bereich wollten, weil ein

6.2 Das Rollenset der Führungskraft

Mensch dort Führungskraft ist, der auf den gemeinsamen Erfolg schaut. Was bedeutet das? Zunächst beginnt es ganz klein (Sie erinnern sich an die *baby steps!*): Schon bei den ersten Überlegungen zu einem neuen Vorhaben halte ich als Vorgesetzter nicht mit meinen Ideen zurück, sondern beteilige die Mitarbeiter, die dafür zuständig, geeignet oder entwicklungsfähig sind, von Anfang an und glaube (siehe innere Haltung!) an den Erfolg meiner Mitarbeiter, an ihre Motivation und Kompetenz.

Ich mache mich selbst und die Beteiligten auf jeden noch so kleinen Fortschritt aufmerksam und bespreche mit ihnen, was uns geholfen hat und was uns helfen könnte, den Erfolg weiterzuführen.

Ich suche angemessene Möglichkeiten, die kleinen Erfolge zu honorieren und zu veröffentlichen, indem ich in übergeordneten Gremien oder Führungskreisen meine Mitarbeiter berichten lasse oder selbst berichte. Ich bedanke mich für Ideen und die Zusammenarbeit und achte auf Möglichkeiten, auch kleine Erfolge zu „feiern".

Wenn ein Projekt oder eine Aufgabe abgeschlossen ist, würdige ich die vielen Vorteile, die dieses Projekt oder die Aufgabenerledigung für das Unternehmen, für die Kollegen und den eigenen Bereich erbracht haben.

Das sind die Anregungen aus dem Kontext „Erfolg" für den Führungsalltag dafür, wie Sie in sehr vielen Fällen mit wenig finanziellen Aufwendungen Mitarbeiter motivieren können.

Fragen dazu könnten sein:
- Wen von meinen Mitarbeitern kann ich durch welche Aktionen erfolgreicher machen?
- Welche Möglichkeiten sehe ich, Mitarbeiter von Anfang an in die Spirale des Erfolgs einzubeziehen?
- Wie kann ich auch kleine Fortschritte angemessen würdigen?
- Welche passenden Möglichkeiten habe ich, Erfolge zu feiern?
- Wie kann ich Erfolgsstrategien nachhaltiger analysieren, sodass ich auch für weitere Aufgaben Einsichten daraus ableite?
- Wie kann ich Erfolge so darstellen (lassen), dass sie von Kollegen und anderen Bereichen nicht als Angeberei gewertet werden?

d) Anteilnahme

Dieses Feld ist von den weichen Faktoren, die wir gerade behandeln, sicher das weiteste und gleichzeitig vagste. Wenn wir auf die beobachtbare Ebene gehen, wird es sehr schnell konkreter.

Ben Furman führt in seinem Twin-Star-Arbeitsbuch als erste beobachtbare Verhaltensweise auf, ob gegrüßt wird. Natürlich, werden Sie sagen – das ist doch eine Selbstverständlichkeit. Aber was, wenn Sie unter Zeitdruck stehen, wenn der Haussegen schief hängt und Sie Ärger im Büro erwarten?

Ich kann aus meiner Beraterpraxis Ben Furman da nur beipflichten. Wenn ein Vorgesetzter, aus welchen Gründen auch immer, das Grüßen seiner Mitarbeiter unterlässt, ist die Wirkung meist die, dass diese denken oder auch sagen: Der interessiert sich nicht für uns – für den sind wir Luft. Unterschätzen Sie deshalb diese sehr einfache Form des Sichkümmerns in seiner Vorstufe als Grüßen nicht.

Ein weiteres Feld ist Interesse für das, was Ihre Mitarbeiter tun, denken und fühlen. Das ist übrigens die beste Prophylaxe gegen Konflikte und Stress. Achten Sie dabei auch darauf, was Ihren Mitarbeitern gefällt und Freude macht und was sie als schwierig erleben. Hören Sie ihnen zu, und unterstützen und ermutigen Sie sie darin, für schwierige Situationen Lösungen zu entwickeln. Beachten Sie, was Ihren Mitarbeitern besonders wichtig ist, und fragen sie danach, wenn es in den Kontext passt.

Fragen, die ihnen helfen können:
– Wie sind meine Grußgewohnheiten? Grüße ich nur morgens und dann nicht mehr? Ist es ein notwendiges Übel für mich? Wie drücke ich mein Grußverhalten nonverbal aus?
– Wie sehr interessiere ich mich tatsächlich für meine Mitarbeiter? Was weiß ich über sie, über ihre Gewohnheiten und Vorlieben, über ihre tatsächlichen Aufgaben und momentanen Arbeitsschwerpunkte?
– Wo kann ich meine innere Anteilnahme noch besser zum Ausdruck bringen, ohne die Autonomie meiner Mitarbeiter zu beeinträchtigen?

6.2 Das Rollenset der Führungskraft

Die vier Schlüsselproblemfelder
a) Probleme
Probleme gehören zum Führungsalltag und wollen gemeistert werden. Lösungsorientierung heißt nicht, Probleme zu vermeiden oder zu umgehen, sondern konstruktiv mit ihnen umzugehen. Dabei gilt es jedoch, einige Fallen im Auge zu behalten. Wie beim Tool „Diplomacy" dargestellt (siehe Abschnitt 11.3.1), ist ein Fehler der, in den Problemteufelskreis einzutauchen.

Dann werden sehr schnell Schuldige gesucht und an den Pranger gestellt, die Atmosphäre ist vergiftet – es gibt Unschuldige und Schuldige, und die Mechanismen des Fressens und Gefressenwerdens greifen (siehe Tierreich: Sobald die schwächste Antilope von den Löwen gerissen ist, äst der Rest der Antilopenherde in geringem Abstand zu den Löwen, die sich über ihre Artgenossin hermachen).

Diese Dynamik des Problemteufelskreises ist deshalb sehr mächtig, weil wir uns selbst schnell mit dem Problem identifizieren und das dadurch ausgelöste Schuldgefühl loswerden wollen – die dann nahe liegende Verhaltensweise ist es, einen anderen Schuldigen zu finden, um selbst Entlastung zu erfahren.

Im Geiste der Lösungsorientierung identifizieren wir uns erst gar nicht mit dem Problem, sondern mit Lösungsmöglichkeiten. An den Lösungsmöglichkeiten hängen wir dann einen kleinen Reteaming-Prozess an:

1. Probleme in Ziele verwandeln.
2. Die Ziele attraktiv und interessant gestalten.
3. Die Ziele messbar, spezifisch und realistisch formulieren.
4. Die Stufen der Veränderung beschreiben.
5. Begründen, warum das Ziel erreicht werden kann.
6. Die Aufmerksamkeit der Mitarbeiter auf den Fortschritt lenken.
7. Aufmerksamkeit und Interesse zeigen, wo es nötig ist.

Wichtig ist es, den Ausstieg aus der Problemtrance zu finden – im ersten Schritt für mich selbst als Führungskraft, im zweiten Schritt für die Mitarbeiter.

Fragen:
– Welche wiederkehrenden Situationen verführen mich zur Problemtrance?

- Welche Hilfsmittel könnte ich mir zurechtlegen, um rechtzeitig auszusteigen?
- Wer könnte mich dabei unterstützen – kann ich mit meinen Mitarbeitern ein Frühwarnsystem für den Problemteufelskreis installieren?
- Wie können die Mitarbeiter gegenseitig Aufmerksamkeit entwickeln, um frühzeitig in die Lösungsorientierung zu kommen?
- Was mache ich, wenn der Problemteufelskreis schon eskaliert, welche Ausstiegsszenarien gibt es?

b) Kränkungen
Im Hinblick auf diesen Bereich ist Diplomacy entstanden (siehe Abschnitt 11.3.1). Deshalb verzichte ich auf eine zusätzliche Ausführung an dieser Stelle.

c) Rückschritte
Rückschritte gibt es im buchstäblichen Sinn nur dann für uns, wenn wir ein kausales Weltbild für wirklich halten; in dem Sinn, dass wir mit einem bestimmten Input einen bestimmten Output erreichen könnten. Systemische und kybernetische Beiträge haben uns aufgezeigt, dass die Welt so einfach nicht zu erklären ist (siehe triviale/ nichttriviale Maschine).

Die Sichtweise, die Dinge nicht kausal zu interpretieren, kann vermeintlichen Rückschlägen den Stachel nehmen. In der Evolutionsforschung hat sich gezeigt, dass in der Natur ein ständiger Prozess des Aus-Fehlern-Lernens vorherrscht.

Unsere Empfehlung ist hier: Deuten Sie den vermeintlichen Rückschlag um. Betrachten Sie ihn als willkommenen Anfang eines neuen Lernprozesses, als Herausforderung an Ihre Kreativität, nicht „mehr desselben" zu machen, sondern neue Wege zu beschreiten. Im Führungsalltag werden Sie es ohnehin schon bemerkt haben, dass jeder Mitarbeiter anders ist als die anderen und dass sie nicht jedem mit dem gleichen Verhalten gerecht werden können.

Ähnlich können Sie es bei den Arbeitsprozessen sehen und den „Fehlern", die ihren Mitarbeitern unterlaufen. Nehmen Sie diese Situationen immer wieder dazu her, den kontinuierlichen Verbesserungsprozess zu starten, neue Lernmöglichkeiten und Verbesserungsoptionen wahrzunehmen und so jeweils einen Vorteil für Sie

6.2 Das Rollenset der Führungskraft

und Ihre Organisation daraus zu machen. Das bedeutet nicht, dass Qualitätsziele außer Acht zu lassen wären. Im Gegenteil, wenn ich mein Qualitätsziel aus irgendeinem Grund nicht erreiche, setze ich mich eben nicht hin und verfalle in Depression, sondern sage mir oder dem entsprechenden Mitarbeiter: Hier liegt Verbesserungspotenzial, ein Hinweis darauf, dass unsere Prozesse noch zu optimieren sind etc.

Fragen:
- Was ist meine erste innere Reaktion auf Rückschritte? Welche Chance habe ich, diese Reaktion so zu verändern, dass ich zufriedener damit bin?
- In welchen Situationen bin ich bei mir und bei meinen Mitarbeitern besonders empfindlich?
- Wozu könnte mir dieser aktuelle Rückschritt helfen, worauf weist er mich hin?
- Welche Sorte von Rückschritten passiert mir immer wieder, und welche Lösungsmöglichkeiten tun sich dafür auf?
- Welche Lieblingsfehler begehen meine Mitarbeiter, welche meine Firma oder Organisation, und welche Lösungsstrategien leite ich daraus ab?
- Mit wem könnte ich meine eigenen Fehler oder Rückschläge besprechen, und wie kann ich es schaffen, dass Mitarbeiter mit mir ihre Rückschläge besprechen und wir daraus einen Lernprozess gestalten?

d) Kritik (oder kritisches Feedback)
Regeln für das Geben von kritischem Feedback
- Wenn Ihnen eine Charaktereigenschaft eines Mitarbeiters missfällt, dann versuchen Sie herauszubekommen, an welchem beobachtbaren Verhalten Sie diese Eigenschaft erkennen.
- Versuchen Sie sich in einer positiven Erklärung dieses Verhaltens, um zu verstehen, warum er gerade das jetzt tut.
- Versuchen Sie, sich vorzustellen, welches Verhalten Sie sich von Ihrem Mitarbeiter wünschen würden.
- Schlagen Sie Ihrem Mitarbeiter eine neue Verhaltensvariante vor, bzw. formulieren Sie, welches Verhalten Sie sich von ihm wünschen.

- Besprechen Sie mit dem Mitarbeiter die Vorteile, die er von der neuen Verhaltensvariante hat.
- Erzählen Sie ihm, warum sie glauben, dass er diese Verhaltensänderung schaffen wird.
- Stimmen Sie einen Spielplan für das neue Verhaltensmuster mit ihm ab.
- Begeistern und aktivieren Sie andere, diesen Mitarbeiter bei seinem neuen Verhalten zu unterstützen.

Fragen:
- Wie erreiche ich durch mein Feedback eine verbesserte Basis zur Zusammenarbeit mit dem Mitarbeiter und nicht nur möglichst schnell eine Wandlung vom Problem zur Lösung?
- In welchem Kontext gebe ich dem Mitarbeiter konstruktives Feedback (das Vier-Augen-Prinzip hat meist weniger Verletzungspotenzial als ein Gespräch mit mehreren Zuhörern)?
- Wie formuliere ich mein Feedback so, dass der Mitarbeiter es gut akzeptieren kann?

Weitere Anregungen zur Konfliktmediation finden Sie im Abschnitt 11.3.2.

7 Wissensmanagement im Reteaming-Prozess

Angelika Mittelmann

7.1 MOTIVATION

Was hat Wissensmanagement mit Reteaming zu tun? Diese oder eine ähnliche Frage werden Sie sich wahrscheinlich beim Lesen der Kapitelüberschrift gestellt haben. Wie bei jedem anderen (Geschäfts-) Prozess hängt auch der Erfolg des Reteaming-Prozesses nicht zuletzt von der Qualität der Informationen und des Wissens ab, die dabei identifiziert, entwickelt, gesichert und weitergegeben werden. Daher ist es für den professionellen Reteaming-Coach von Interesse, wie er Wissensmanagement im Rahmen seiner Beratung für sich und seine Klienten Gewinn bringend einsetzten und in den Reteaming-Prozess integrieren kann.

In diesem Kapitel werden daher kurz die beiden wichtigsten Grundbegriffe erläutert und daran anschließend einige Methoden und Tools des Wissensmanagements beschrieben, die im Reteaming-Beratungskontext nützlich sein können.

7.2 GRUNDBEGRIFFE

Was *Information* bzw. *Wissen* ist, lässt sich sehr gut mithilfe der „Wasseranalogie" erklären: Jeder kennt das „Element" Wasser, die häufigste chemische Verbindung, die fast drei Viertel der Erdoberfläche bedeckt. Es gibt Wasser in drei Zustandsformen, nämlich flüssig, fest als Eis und gasförmig als Wasserdampf. Überträgt man dieses Bild auf den Wissensbegriff, sind die Ähnlichkeiten nahe liegend: Wissen ist etwas, das uns in der heutigen Gesellschaft immer und überall begegnet und unser Handeln erheblich beeinflusst. Dabei ist Wissen ständig in Bewegung und nähert sich einmal mehr dem Pol des „gefrorenen" Informationswissens, das gut greifbar und leicht handhabbar ist, ein anderes Mal mehr dem Pol des „gasförmigen" Handlungswissens, das schwer zugänglich und wenig steuerbar ist.

Wissensmanagement ist ein Prozess, der parallel auf zwei Ebenen läuft.

Auf der persönlichen Ebene geht es darum, zur Lösung einer Aufgabe fehlende Wissenselemente zu identifizieren (Teilprozess Identifizierung), das eigene Wissen zu sichern z. B. durch Dokumentieren oder Reaktivieren von (fast) Vergessenem (Teilprozess Sicherung) und neues Wissen zu entwickeln z. B. durch Lernen aus Dokumentationen oder aus der Erfahrung von anderen (Teilprozess Entwicklung). Diese drei Teilprozesse sind über den Teilprozess Evaluierung verbunden, in dem die Zielsetzung und Bewertung der identifizierten, gesicherten oder entwickelten Wissenselemente stattfindet.

Auf der organisationalen Ebene werden die einzelnen Teilprozesse durch das Zusammenwirken von Gruppen, (Projekt-)Teams, Mitarbeitern ganzer Abteilungen oder Bereiche bearbeitet. Bei der Identifizierung werden z. B. nicht nur Wissenselemente, sondern auch Wissensträger gesucht, bei der Sicherung die Erfahrung ganzer

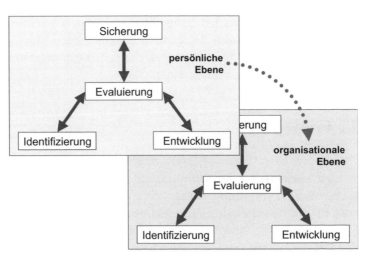

Abb. 1: Wissensmanagementprozess

Gruppen oder Teams bereitgestellt, bei der Entwicklung auf die Zusammenarbeit in Wissensnetzwerken gesetzt. Im Rahmen der Evaluierung wird festgestellt, ob für die Aufgabenstellung passende Wissensträger gefunden wurden, Erfahrungen so dokumentiert wurden, dass sie wieder verwendet und weiterentwickelt werden können, und ob neues Wissen in den Wissensnetzwerken entstanden ist (vgl. Mittelmann 2002).

7.3 METHODEN UND TOOLS FÜR COACHS

Der Beratungsprozess eines Reteaming-Coachs beginnt mit der Kontaktaufnahme durch einen potenziellen Kunden. Verläuft diese Kontaktaufnahme für beide Seiten zufrieden stellend, vereinbart der Coach ein Erstgespräch mit dem Kunden und weiteren wichtigen Beteiligten. In diesem Gespräch werden die Rahmenbedingungen für den Reteaming-Prozess und für den ersten Workshop vereinbart. Danach folgt die Durchführung des Workshops oder auch mehrerer Workshops. Den Abschluss des Prozesses bildet das Nachgespräch mit dem Auftraggeber, in dem gegenseitigem Feedback breiter Raum gegeben wird.

Betrachtet man diesen Prozess aus der Sicht des Wissensmanagements, lassen sich einige Methoden und Tools anführen, die dem Coach nützlich sein können. Der Schwerpunkt liegt dabei bei den Methoden und Tools des *persönlichen* Wissensmanagements, die dem Coach helfen, sein eigenes Wissen professionell zu managen. Er wird aber auch einige spezielle Methoden und Tools zur Wissensstrukturierung und -dokumentation benötigen. Nachfolgend werden diese Methoden und Tools kurz beschrieben, und es wird, wenn möglich, angegeben, in welchen Prozessschritten sie am gewinnbringendsten eingesetzt werden können.

7.3.1 Checkliste

Eine *Checkliste* ist eine Abfolge von Fragen zu einem bestimmten Themengebiet. Meist sind zusammengehörige Fragen in Blöcken organisiert.

Eine Checkliste hilft bei der Strukturierung und Dokumentation von Verfahrenswissen innerhalb verschiedenster Aufgabenstellungen. Sie wird oft parallel zu anderen Methoden verwendet (z. B.

7 Wissensmanagement im Reteaming-Prozess

Training, Szenariotechnik, Kreativitätstechnik etc.). Der Reteaming-Coach kann Checklisten für den gesamten Beratungsprozess einsetzen, um sicherzustellen, dass er nichts Wichtiges vergisst.

Regeln für eine gute Checkliste:
- Strukturiere die Aufgabe in logische Blöcke.
- Sammle je Block die wichtigsten Fragen oder Arbeitsschritte.
- Bringe das Ergebnis in eine (wieder) verwendbare Form.

7.3.2 „Blaue Seiten"

Blaue Seiten sind Wissenskarten, die Informationen zu einer Person (z. B. Name, Anschrift, Telefonnummer, E-Mail-Adresse etc.) und sonstige Besonderheiten im Zusammenhang mit dieser Person enthalten (vgl. Kukat 2000; Mittelmann et al. 2000, Staeheli 2000). Sie sind mit den gelben Seiten (Branchen-Telefonbuch) vergleichbar.

Blaue Seiten helfen dem Reteaming-Coach, wichtige Informationen von seinen und über seine Klienten geordnet und jederzeit wieder auffindbar abzulegen. Name, Anschrift, Telefonnummern und E-Mail-Adresse wird der Reteaming-Coach bei Vereinbarung eines Erstgespräches auf bzw. in der Blauen Seite des potenziellen Klienten ablegen und im Laufe des Beratungsprozesses um wichtige Informationen ergänzen. Blaue Seiten kann man auch für sein eigenes Beziehungsmanagement einsetzen (siehe Abschnitt 7.3.3).

Zur Aufnahme von Blauen Seiten eignet sich jede beliebige Adresskartei, in der auch Platz für ergänzende Informationen ist. Eine elektronische Kartei bietet den Vorteil, dass man leichter darin suchen kann, und den Nachteil, dass man sie eventuell nicht ständig im Zugriff hat. Eine Blaue Seite enthält, wie erwähnt, die Stammdaten des Klienten und wird nach und nach um Vorlieben des Klienten, wichtige Rahmenbedingungen, für den weiteren Verlauf des Beratungsprozesses wichtige Workshop-Ereignisse, Ergebnisse von Feedbackgesprächen mit dem Klienten etc. ergänzt.

7.3.3 Beziehungsmanagement

Beziehungsmanagement umfasst alle Aktivitäten im Zusammenhang mit dem Aufbau und der Pflege eines persönlichen Netzwerks.

Ein Reteaming-Coach wird diese Methode anwenden, um ein Netzwerk von Personen um sich herum aufzubauen. Dieses Netzwerk hilft ihm, seinen Beratungsprozess und auch den Reteaming-

7.3 Methoden und Tools für Coachs

Prozess ständig zu verbessern und weiterzuentwickeln, indem er seine Erfahrungen mit seinen Netzwerkpartnern austauscht.

Beziehungsmanagement umfasst die folgenden Phasen:

1. *Aufbau*
Versuchen Sie, auf Fachmessen, Kongressen, in Seminaren und Vorträgen mit Personen in Kontakt zu kommen. Stellen Sie sich vor, erklären Sie, was Sie beruflich machen, was Sie besonders interessiert, und fragen Sie Ihr Gegenüber nach seinen Tätigkeiten und beruflichen Interessen. Bei gegenseitigem Interesse tauschen Sie Visitenkarten aus.
2. *Dokumentation des Netzwerks*
Übertragen Sie die Daten von der Visitenkarte in Ihre Adressendatei (oder legen Sie eine Blaue Seite an; siehe Abschnitt 7.3.2), und ergänzen Sie dabei persönliche Präferenzen. Sie erleichtern sich damit den nächsten Kontakt mit dieser Person.
3. *Beziehungspflege*
Halten Sie regelmäßig Kontakt mit Ihren Netzwerkmitgliedern per E-Mail oder Telefon. Berücksichtigen Sie dabei die persönlichen Präferenzen Ihrer Netzwerkpartner. Ein persönliches Treffen zumindest einmal pro Jahr ist ebenfalls sehr zu empfehlen, um die gegenseitige Vertrauensbasis abzusichern.

7.3.4 FAQ (= frequently asked questions)

Eine *FAQ-Liste* besteht aus häufig gestellten Fragen samt zugehörigen Antworten innerhalb eines bestimmten Wissensgebiets.

Wenn sich Fragen zu einem bestimmten Thema innerhalb eines Wissensgebiets häufen, ist es aus Zeitersparnisgründen sinnvoll, eine solche Liste anzulegen und zu veröffentlichen. Ein Reteaming-Coach kann eine FAQ-Liste (z. B. über Reteaming) auf seiner Website veröffentlichen.

Regeln für eine gute FAQ-Liste:
- Sammle eine Zeit lang (abhängig vom Spezialisierungsgrad des Wissensgebiets) jeweils Fragen, die sich ähneln, und die Antworten dazu.
- Formuliere ähnliche Fragen in ihrer einfachsten und verständlichsten Form zu *einer* Frage um.
- Ergänze die beste Antwort.

- Veröffentliche die FAQ-Liste an passender Stelle (im Intra- oder Internet, als Dokument in einem öffentlichen Ordner etc.).
- Ergänze die FAQ-Liste bei Bedarf.
- Ändere die Antworten, wenn bessere gegeben werden.

7.3.5 Konzeptkarten

Konzeptkarten sind wie die Blauen Seiten (siehe Abschnitt 7.3.2) Wissenskarten, die nicht Informationen zu Wissensträgern enthalten, sondern Wissensanwendungen (Preissler et al. 1997).

Konzeptkarten setzt man ein, um sowohl explizites (bewusstes, abrufbares) als auch implizites (weniger bewusstes, intuitives) Wissen zu erfassen und den Zugriff auf benötigtes Wissen zu erleichtern und zu beschleunigen. Beratungsprozesse sind teilweise ähnlich, teilweise einzigartig. Reteaming-Coachs können ähnliche Prozessschritte in Form von Konzeptkarten beschreiben, um sie jederzeit wieder verwenden zu können.

Konzeptkarten enthalten Prozesswissen. Das heißt, auf ihnen dokumentiert man grafisch, auf welchem Weg man zu einem bestimmten Ergebnis gekommen ist. Diese Konzepte können für ähnliche Aufgabenstellungen wieder verwendet werden.

7.3.6 Lerntagebuch

Lerntagebücher dienen der schriftlichen chronologischen Dokumentation von Gelerntem, von Erfahrungen oder typischen Anwendungsfällen für Gelerntes.

Ziel dieser Methode ist es, Wissen in Form von Erfahrungen und Meinungen im Rahmen der eigenen Arbeitserledigung zu erfassen, damit sie nachträglich aufgearbeitet werden können. Ein Reteaming-Coach kann so jederzeit aus seinem dokumentierten Wissen lernen. Das Lerntagebuch erleichtert ihm auch den Erfahrungsaustausch mit seinen Netzwerkpartnern (siehe Abschnitt 7.3.3).

In regelmäßigen Zeitabständen (z. B. einmal wöchentlich) dokumentiert man elektronisch seine Erfahrungen bei der täglichen Arbeitserledigung und bei der Lösung von Problemen.

7.3.7 Mindmapping

Mindmapping ist eine Methode, mit deren Hilfe Ideen grafisch gesammelt und strukturiert werden. Wissensstrukturen können damit visualisiert werden (Mittelmann et al. 2000; Kirckhoff 1993).

7.3 Methoden und Tools für Coachs

Mithilfe dieser Methode können innerhalb kurzer Zeit Ideen zu einem Thema gesammelt, gegliedert und grafisch dargestellt werden. Gleichzeitig wird in Haupt- und Subideen strukturiert. Die Ideen können in beliebiger Reihenfolge hinzugefügt werden. Daher unterstützt die Methode den natürlichen Gedankenfluss, der selten sequenziell abläuft. Ein Reteaming-Coach kann diese Methode zur Vorbereitung seines Erstgespräches einsetzen oder zur Dokumentation von wichtigen Informationen über seinen Klienten und den zugehörigen Beratungsprozess.

Eine Mindmap entsteht rund um ein zentrales Thema, das man in die Mitte eines Papierblatts schreibt und einkreist. Jede Hauptidee wird in Form eines Astes zum Kreis in der Mitte hinzugefügt. Ideen zu den Hauptideen werden jeweils durch Unteräste dargestellt (siehe unten, Abb. 2). Nach und nach entsteht so eine grafische Gruppierung der Ideen. Besteht ein Zusammenhang zwischen zwei Ideen verschiedener Äste, so werden diese durch entsprechende Pfeile verbunden. Dadurch können sämtliche Zusammenhänge in eine übersichtliche Form gebracht werden. Um die visuelle Gehirnhälfte beim Erfassen und Erinnern der Ideen zu unterstützen, kann man kleine Bilder zur Kennzeichnung der Hauptäste verwendet.

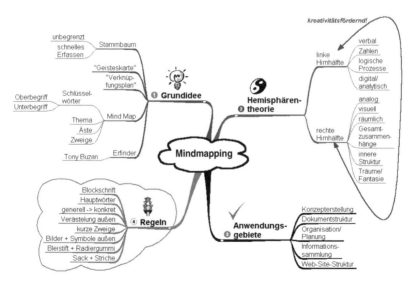

Abb. 2: Mindmap zu Mindmapping

7.3.8 Persönliche Wissensbank

Eine *persönliche Wissensbank* enthält in aufbereiteter Form das Kern- und Spezialwissen einer Person (Mittelmann et al. 2000; Probst u. Eppler 1998). Das Anlegen und die ständige Aktualisierung der persönlichen Wissensbank führt zu einem stetigen und zielgerichteten Kompetenzaufbau. Sie fördert das Verständnis des eigenen Wissensprofils und ermöglicht die konsequente Weiterentwicklung der eigenen Fähigkeiten durch systematisches Lernen aus Fehlern und durch gezieltes Experimentieren.

Abhängig vom eigenen Wissensprofil, wird eine Kartei (am besten in elektronischer Form) mit den wichtigsten Wissensgebieten angelegt. Je Wissensgebiet werden die wichtigsten eigenen Erfahrungen aus unterschiedlichsten Lernsituationen (siehe Abschnitt 7.3.6) in strukturierter Form abgelegt. Wichtig dabei ist, eine Struktur zu wählen, die ein leichtes Wiederfinden des abgelegten Wissens ermöglicht. Eine ständige Wartung (Ergänzung, Überarbeitung, Löschung) der persönlichen Wissensbank ist unumgänglich, wenn sie auf Dauer ihren Wert behalten soll. In der Praxis haben sich für diesen Zweck hypertextfähige Werkzeuge bewährt. Zur Strukturierung können Mindmaps ergänzend verwendet werden.

7.4 Methoden und Tools im Reteaming-Prozess

Auch im Reteaming-Prozess selbst kann man Methoden und Tools des Wissensmanagements zum Nutzen aller Beteiligten einsetzen. Der Schwerpunkt liegt in diesem Fall auf der organisationalen Ebene, weil es darum geht, ein ganzes Team zu unterstützen (siehe Abschnitt 7.2, Abb. 1). Die passenden Methoden und Tools helfen vor allem bei der Wissensteilung und -entwicklung und dienen der Lernunterstützung in Gruppen und Teams. Nachfolgend werden diese Methoden und Tools kurz beschrieben, und es wird, wenn möglich, angegeben, in welchen Phasen des Reteamings sie am gewinnbringendsten eingesetzt werden können.

7.4.1 Fallbasiertes Lernen

Fallbasiertes Lernen beruht auf Aktionslernen, dem erfahrungsorientierten Ansatz von Reg Revans zur Entwicklung von Management-

7.4 Methoden und Tools im Reteaming-Prozess

fähigkeiten (Revans 1980; Atkins 1999; Enderby a. Phelan 1994; Mittelmann et al. 2000). Die Grundidee ist, dass traditionelles Lernen auf der Vermittlung von Wissen beruht, das Lösungen zu bekannten Problemen liefert. Aktionslernen beruht dagegen nicht nur auf diesem bekannten Wissen, sondern greift auch auf Erfahrungswissen zurück, um Probleme zu lösen, für die es keine bekannten Lösungen gibt. Durch die Anwendung von fallbasiertem Lernen werden die praktischen Problemlösungsfähigkeiten von Mitarbeitern verbessert. Die Effektivität der Mitarbeiter in ihrer momentanen und zukünftigen Arbeit wird erhöht und damit auch ihre persönliche Kompetenz gefördert. Die Methode kann während der Umsetzungsphase zum Einsatz kommen, wenn es dabei um die Entwicklung neuer Fähigkeiten geht.

Die Methode umfasst folgende Schritte:

- Vereinbarung von Lernzielen zwischen den Führungskräften und den Mitarbeitern, die am fallbasierten Lernprogramm teilnehmen werden.
- Einrichtung von Lernpartnerschaften (siehe Abschnitt 7.4.4) zwischen den am Lernprogramm Teilnehmenden, die auch über die Dauer des Lernprogramms hinaus bestehen bleiben können und sollen, um lebenslanges Lernen anzuregen.
- Kanalisierung der Entwicklungsprozesse, indem in regelmäßigen Abständen direkt an echten Praxisfällen mit den Teilnehmern in Gruppen gearbeitet wird.

Daraus ergibt sich eine ständige Entwicklung des Kernwissens und die Identifikation von wünschenswerten Aktionen durch die effektive Kombination von Praxis und Lernen. Die Durchführung eines fallbasierten Lernprogramms soll in die Hände von professionellen Beratern gelegt werden, damit sicher gestellt ist, dass den Teilnehmern – neben ihrem intensiven Erfahrungsaustausch – auch aktuelles Wissen zu den betreffenden Themengebieten vermittelt wird. Das erfordert aufseiten der Berater außer bester fachlicher Qualifikation auch ein hohes Maß an Flexibilität.

Zur Illustration der Arbeit an den Praxisfällen wird nachfolgend skizziert, wie die Teilnehmer ihre Fälle für die Bearbeitung in den Gruppen mithilfe des „Fallhauses" (siehe Abb. 3) aufbereiten (Baillon,

7 Wissensmanagement im Reteaming-Prozess

Hochreiter u. Mittelmann 2003). Zunächst wählen sie eine konkrete Schlüsselsituation (links unten im Fallhaus), die ihren Fall besonders gut beschreibt. Sie machen sich Gedanken über ihre innere Situation (rechts unten im Fallhaus), welche inneren Stimmen welche Kommentare in dieser konkreten Situation abgeben. Anschließend versuchen sie, den systemischen Kontext (links oben im Fallhaus) zu beschreiben, in dem sie die Analyse auf das gesamte System (z. B. alle Beteiligten, Rahmenbedingungen) ausweiten. Darauf aufbauend formulieren sie ihr Anliegen „Wie kann ich ...?" (rechts oben im Fallhaus). Zur Abrundung geben sie ihrem Fall eine treffende Überschrift.

Eine konkrete (aus Gründen der Vertraulichkeit konstruierte) Schlüsselsituation könnte sein, dass ein Gruppenleiter, wenn er in das Büro zweier seiner Mitarbeiter kommt, immer wieder Querschüssen ausgesetzt ist. Eine innere Stimme rät ihm, diese Querschüsse einfach zu ignorieren, eine andere meint dazu, er soll möglichst rasch „zurückschießen", eine dritte mahnt dazu, sobald wie möglich ein klärendes Gespräch zu führen. Die Untersuchung des systemischen Kontexts ergibt, dass der Ältere und Erfahrenere der beiden dieses Büro längere Zeit als Einzelbüro hatte. Der Jüngere ist erst drei Monate zuvor auf Anordnung des Abteilungsleiters in dieses Büro gekommen. Das Anliegen des Gruppenleiters ist: „Wie kann

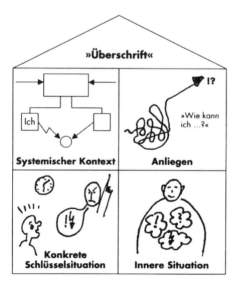

Abb. 3: Das Thomann-Schema (aus: Schulz von Thun 2003)

ich die Querschüsse verhindern ohne die Sitzordnung verändern zu müssen?". Seinem Fall gibt er die Überschrift „Schüsse aus dem Hinterhalt des Bürodschungels". Auf Basis dieser Beschreibung erarbeiten die Berater und die Teilnehmer gemeinsam mögliche Lösungsszenarien. Die Erfahrung hat gezeigt, dass schon diese Aufbereitung manche Teilnehmer zur Lösung ihres Falles geführt hat.

7.4.2 Kommunikationsforum

Kommunikationsforen sind zeitlich und räumlich fixierte Gesprächsrunden. Finden diese Gespräche im virtuellen Raum unter Zuhilfenahme eines IT-Werkzeuges statt, dann handelt es sich um ein elektronisches Kommunikationsforum. Die zeitliche Fixierung ist in diesem Fall nur dann nötig, wenn ein bestimmtes Thema synchron im Chat-Raum behandelt werden soll (Kuhlen 2000; Kuhlen u. Werner 2000; Rittberger u. Zimmermann 2000).

Ziel dieser Zusammenkünfte ist der intensive Erfahrungsaustausch. Die hier geführten Gespräche liefern idealerweise Einsichten in komplexe Zusammenhänge und erweitern den Blick für das Gesamtsystem. Durch die breit angelegte Kommunikation in diesen Foren kann die Entwicklung und Weitergabe von neuem Wissen gezielt unterstützt werden. Besonders förderlich wirkt dabei die Unterschiedlichkeit der Zusammensetzung solcher Gruppen (Frauen und Männer, aus unterschiedlichen Fachgebieten, mit verschiedenen Alter, aus unterschiedlichen Hierarchieebenen und Bereichen).

Bei elektronischen Kommunikationsforen gibt es zusätzlich die Möglichkeit der anonymen Teilnahme an den Gesprächen, was der freien Meinungsäußerung förderlich sein kann. Darüber hinaus wird das Auffinden von Wissensträgern und damit der Aufbau von Wissensnetzwerken (siehe Abschnitt 7.4.8) erleichtert.

Ein Reteaming-Coach kann diese Methode zur Begleitung der Maßnahmenumsetzung vorschlagen. In diesen Foren können die erzielten Fortschritte diskutiert und die Gesamtzusammenhänge aufgezeigt werden.

Kommunikationsforen werden einmal fixiert und finden dann in den vereinbarten Abständen und Räumen statt. Eine solche Veranstaltung ist immer mit einem bestimmten Thema verbunden, das oft in einem Einführungsvortrag den Teilnehmern näher gebracht und anschließend diskutiert wird. Häufig werden Kommunikationsforen mit gemeinsamem Essen verbunden. Regelmäßige gemeinsame Essensrunden fördern die Kommunikation und damit den Erfahrungsaustausch.

Bei elektronischen Kommunikationsforen gibt es immer eine Personengruppe, die viele inhaltlich interessante Diskussionsbeiträge liefert und so den Diskussionsprozess insgesamt am Leben erhält.

7.4.3 Kooperative Kennzahlenentwicklung

Kooperative Kennzahlenentwicklung ist eine Methode, bei der alle Teammitglieder gemeinsam ein adäquates Kennzahlensystem für den Prozess entwickeln. Adäquat bedeutet in diesem Zusammenhang, dass dem Reifegrad des Prozesses und des Teams wesentlicher Einfluss auf die Art, Menge und Definition der verwendeten Maßzahlen eingeräumt wird (Mittelmann 1997, 1998; Mittelmann et al. 1996, 2000, S. 130 ff.).

Veränderungen, die durch einen Prozess wie Reteaming initiiert werden sollen, sind stets auch auf die Ziele der Organisation ausgerichtet. Die Kennzahlen, die dem jeweiligen Ziel zugeordnet sind, geben an, ob das Ziel und in welcher Qualität es erreicht wurde. Diese Kennzahlen sind nur dann sinnvoll einsetzbar, wenn sie von allen betroffenen Teammitgliedern verstanden und auch benutzt werden. Die nachfolgend beschriebene Vorgehensweise stellt sicher, dass adäquate Kennzahlen definiert und benutzt werden. Der Reteaming-Coach kann diese Methode in der Phase „Ziele setzen" verwenden, um dem Team das Zielcontrolling zu erleichtern.

Die Vorgehensweise umfasst vier Schritte, und es kann nach Beendigung des letzten Schritts beim ersten wieder aufgesetzt werden. Dadurch ist gewährleistet, dass ein ständiger Verbesserungsprozess des Kennzahlensystems in Gang gesetzt und aufrechterhalten wird.

1. Schritt: *Zielbaumerstellung*
Ausgehend von den strategischen Zielen der Organisation bzw. Organisationseinheit wird durch Zerlegung ein Zielbaum erstellt, dessen Blätter die operationalen Ziele repräsentieren.
Beispiel:
strategisches Ziel: Verbesserung der Kommunikation nach innen und außen *abgeleitetes operatives Ziel:* regelmäßige Kommunikation innerhalb des Teams.

7.4 Methoden und Tools im Reteaming-Prozess

2. Schritt: *Anwendung der Ziel-Frage-Kennzahl-Methode*
   In diesem Schritt werden pro operationales Ziel ein oder mehrere Fragen gestellt, die sich auf das Ziel beziehen. Diese Fragen enthalten bereits implizit die erforderlichen Kennzahlen. Diese Kennzahlen werden neben das dokumentierte Ziel geschrieben.
   Beispiel:

Frage	Kennzahl
Gibt es regelmäßige Teamsitzungen?	Anzahl der Teamsitzungen pro Monat
Gibt es für jede Teamsitzung eine Agenda und ein Ergebnisprotokoll?	Agenda: ja/nein Ergebnisprotokoll: ja/nein

3. Schritt: *Festlegung des Aktionsplans*
   Der Aktionsplan enthält die nachfolgend kurz skizzierten fünf Teile. In Teil 1 werden die Ziele des Aktionsplans, wenn erforderlich, auch Begriffsdefinitionen und der erarbeitete Zielbaum mit den zugehörigen Fragen angeführt. In Teil 2 wird jede Kennzahl genau beschrieben: Was bedeutet sie? Wie ist sie zu messen? Wie sind die Messergebnisse zu interpretieren? Welche Maßnahmen sind bei welcher Ausprägung der Kennzahl zu setzen? Teil 3 enthält die Liste der Sofortmaßnahmen, die Verantwortlichkeiten und den Zeitplan, Teil 4 Referenzen auf zugehörige Dokumente und Teil 5 das Logbuch aller durchgeführten Aktivitäten in chronologischer Reihenfolge.
   Beispiel für Teil 3:
   Ab sofort werden 14-tägige Teamsitzungen mit einer Dauer von max. zwei Stunden durchgeführt. Der Projektassistent ist für die Erstellung einer Agenda und eines Ergebnisprotokolls zuständig.

4. Schritt: *Umsetzung*
   In diesem Schritt wird mit der Messung und Auswertung begonnen – parallel zur Umsetzung der im Aktionsplan vereinbarten Maßnahmen.

Nach einem angemessenen Zeitraum (mindestens ein Jahr) kann mit dem ersten Schritt wieder begonnen werden.

7.4.4 Lernpartnerschaft

Eine *Lernpartnerschaft* ist ein freiwilliger temporärer Zusammenschluss von zwei Personen mit dem Ziel, mit- und voneinander zu lernen (Forschungsstelle PHS 2001).

Ziel dieser Methode ist, das eigene Lernverhalten anhand von selbst erlebten Fällen kritisch zu hinterfragen und, wenn nötig, gemeinsam mit dem Lernpartner sukzessive zu verbessern. Als sekundäres Ziel kann vereinbart werden, sich gegenseitig im eigenen Kompetenzbereich aufzuqualifizieren. Auch diese Methode wird der Reteaming-Coach in der Umsetzungsphase vorschlagen, wenn der Aktionsplan viele lernrelevante Maßnahmen enthält.

Eine Lernpartnerschaft durchläuft folgende Phasen:

1. *Suche nach einem geeigneten Lernpartner*
   Dies kann durch eine Lernpartnerannonce geschehen. In einer Lernpartnerannonce beschreibt der Lernpartner Suchende kurz, was er inhaltlich lernen will und welche für die Lernpartnerschaft wichtigen Kenntnisse er selbst besitzt und was er vom potenziellen Lernpartner erwartet.

2. *Vereinbarung von Lernzielen*
   Die Lernpartner definieren zumindest ein, maximal drei Lernziele, wobei ein gemeinsames Lernziel die Verbesserung des Lernverhaltens sein soll. Wichtig dabei ist, dass beide Lernpartner einen Nutzen durch die Zielerreichung erkennen können.

3. *Erstellung eines Lernplans*
   Entsprechend den vereinbarten Lernzielen, erstellen die Lernpartner einen Plan, was bis wann gelernt werden soll (Lernpakete), und vereinbaren periodische Treffen zur Reflexion des Gelernten und des Lernverhaltens.

4. *Lern- und Reflexionsphase*
   Die Lernpartner bearbeiten miteinander (und/oder mit anderen Experten des jeweiligen Fachgebietes) die Lernpakete und versuchen, das Gelernte so weit wie möglich in ihrem beruflichen Umfeld umzusetzen. Sie beobachten sich dabei selbst und halten ihre Eindrücke in einem Lerntagebuch (siehe Abschnitt 7.3.6) fest.

7.4 Methoden und Tools im Reteaming-Prozess

Zu den vereinbarten Terminen treffen sich die Lernpartner, um ihre Lerntagebücher gemeinsam durchzugehen und den Grad der Erreichung ihrer Lernziele zu überprüfen. Wichtig dabei ist, dass jeder sein Lernverhalten kritisch betrachtet und sich für kritische Anmerkungen des Lernpartners öffnet.

5. *Abschlussphase*
Eine Lernpartnerschaft ist beendet, sobald die Lernpartner das Gefühl haben, ihre Lernziele in ausreichender Qualität erreicht zu haben. Die Lernpartner reflektieren ein letztes Mal ihre Lernerfahrungen und fassen sie in einem Abschlussdokument zusammen. In diesem Dokument schreibt jeder Beteiligte einen Teil für sich, in einem weiteren Teil berichten sie gemeinsam über ihre Erfahrungen in der Lernpartnerschaft. Anschließend feiern sie gemeinsam ihren Erfolg.

7.4.5 Lessons Learned Workshop

Ein *Lessons Learned Workshop* ist ein spezieller Workshop, in dem die gemachten Erfahrungen eines gesamten Teams gehoben und dokumentiert werden.

Einen Lessons Learned Workshop setzt man ein, um alle gemachten Erfahrungen eines Teams strukturiert zu erheben und zu dokumentieren. Ziel ist, ausgehend von diesen Erfahrungen, die kritischen Erfolgsfaktoren und weitere Verbesserungspotenziale für die weitere Entwicklung des Teams zu identifizieren. Ein Reteaming-Coach wird diese Methode als Schlusspunkt eines Reteaming-Prozesses vorschlagen und sich im Nachgespräch mit seinem Auftraggeber auf die Ergebnisse aus diesem Workshop beziehen.

Ein Lessons Learned Workshop beginnt (nach einer passenden Einstimmung) üblicherweise mit einer Kärtchenabfrage anhand der Fragestellung, welche positiven und auch negativen Erfahrungen das jeweilige Teammitglied im Reteaming-Prozessverlauf gemacht hat. Aus den Antwortkärtchen werden Cluster gebildet und Erfolgsfaktoren daraus abgeleitet. Zu jedem Erfolgsfaktor werden die folgenden drei Fragen ausgearbeitet:

– Warum ist dieser Erfolgsfaktor für den Prozess wichtig?
– Wie ist es im Prozess tatsächlich gelaufen?
– Was wäre die Idealvorstellung?

Aus den Ergebnissen der dritten Frage in Bezug auf alle Erfolgsfaktoren lassen sich ein idealer Prozess und damit die Verbesserungspotenziale ableiten.

7.4.6 Metapher

Die *Metapher* (griech. metaphorá = „übertragen") ist ein übertragener bildlicher Ausdruck. Sie besteht aus (meist) zwei Bestandteilen, die zu einer neuen Bedeutungseinheit verschmelzen (Niedermair 2000; Nonaka u. Takeuchi 1997).

Die Verwendung einer Metapher hilft, implizites Wissen in Form von ungewohnten Verknüpfungen zu formulieren. Ihre Unschärfe und Vieldeutigkeit regt die Wissensentwicklung in Gruppen oder Teams an. Ein Reteaming-Coach kann diese Methode während der Phase „Ziele setzen" verwenden, um eine attraktive, mit positiven Emotionen belegte Vision des angestrebten Zustands mit dem Team zu erarbeiten.

Das Team sucht nach zusammengesetzten bildhaften Begriffen, die die Vision für den zukünftigen Zustand vage beschreiben. Eine von allen Teammitgliedern akzeptierte Metapher kann ähnlich wie ein Leitbild die Umsetzungsphase begleiten.

Ein Team hat sich z. B. als Ziel gesetzt, seine Kommunikation innerhalb des Teams und nach außen nachhaltig zu verbessern. Dieses Team wählte für sich die Metapher „Gesprächekarawane", um damit auszudrücken, dass es ihm bei seiner Kommunikation um gute Gespräche und um möglichst lückenlose und zeitnahe Weitergabe von wichtigen Informationen geht. Dafür erschien dem Team der Begriff „Karawane" passend.

7.4.7 Story Telling

Das sichtbare Ergebnis der Anwendung der Methode *Story Telling* ist eine Erfahrungsgeschichte. Diese deckt in der Unternehmenskultur verhaftete Normen und Werte auf und kommuniziert sie im gesamten Unternehmen (Reinmann-Rothmeier, Erlach u. Neubauer 2000; Reinmann-Rothmeier 2001; Kleiner u. Roth 1998).

Story Telling ermöglicht eine systematisierte Erfassung von implizitem Wissen und von Erfahrungswissen, die Darstellung unterschiedlicher Sichtweisen und die Weitergabe von (verstecktem) Wissen. Der Reteaming-Coach sollte Story Telling vorschlagen, wenn ein Reteaming-Prozess schon länger zurückliegt und interessante Wirkungen gezeitigt hat, damit aus den gewonnenen Erkenntnissen besser gelernt werden kann.

Story Telling bedeutet, alle Beteiligten zu einem herausragenden Ereignis hinsichtlich ihrer Erlebnisse und Beobachtungen zu interviewen, daraus eine packende Erfahrungsgeschichte zu entwickeln und diese in Workshops mit den Beteiligten und anderen interessierten Organisationsmitgliedern zu reflektieren. Die Erfahrungsgeschichte sollte nicht langweilig, sondern spannend sein, für die Zielgruppe treffend und keine Märchen, sondern die Wahrheit enthalten.

Eine Erfahrungsgeschichte ist keine „Geschichte" im landläufigen Sinn. Sie enthält so viele Kapitel wie bei der Analyse der transkribierten Interviews durchgängige „rote Fäden" gefunden werden. Handelt sich um eine Erfahrungsgeschichte über ein größeres Projekt, könnte ein Kapitel z. B. behandeln, wie es den Mitgliedern des Projektteams damit gegangen ist, gleichzeitig im Projekt zu arbeiten, und ihr Tagesgeschäft parallel dazu abwickeln zu müssen. Die Überschrift dieses Kapitels könnte lauten „Zwei Welten". Als Einleitung könnte man einen kurzen Auszug aus einem bekannten Märchen über jemanden einfügen, der zwei Herren gleichzeitig dienen muss. Dann folgen Originalzitate aus den Interviews, die diese Situation besonders eingängig und aus möglichst verschiedenen Perspektiven beschreiben. Links davon werden an besonders interessanten Stellen kurze kritische Bemerkungen hinzugefügt, die die Leser der Erfahrungsgeschichte zum Nachdenken anregen sollen. An wesentlichen Stellen werden auch zu den Zitaten passende Comics eingefügt, um den Prozess des Wissenstransfers auch visuell zu unterstützen. Eine so aufbereitete Erfahrungsgeschichte wird von Personen der Zielgruppe (in unserem angedeuteten Beispiel von Projektleitern und -mitarbeitern) gerne gelesen, weil sie von „echten" Personen handelt und kurzweilig ist. Als (erwünschter) Nebeneffekt beginnen diese Personen über ihre eigenen Projekte nachzudenken und das eine oder andere in ihren Projekten zu verändern.

7.4.8 Wissensnetzwerk

Ein *Wissensnetzwerk* ist der freiwillige Zusammenschluss von Wissensträgern mit ähnlichen Aufgabengebieten (z. B. Mitarbeitern von Forschungsabteilungen; Mitarbeitern, die alle ein bestimmtes IT-Werkzeug, z. B. Autocad, MS Project etc., für ihre Arbeit benutzen).

7 Wissensmanagement im Reteaming-Prozess

Ziel dieser Methode ist es, das Know-how einer einzelnen Person auf einem bestimmten Gebiet anderen zugänglich zu machen, die in einer ähnlichen Umgebung arbeiten. Damit soll erreicht werden, dass der Wissensstand innerhalb des Netzwerkes ständig um- und ausgebaut wird. Der Reteaming-Coach wird diese Methode forcieren, wenn es im Rahmen der Umsetzungsmaßnahmen schwerpunktmäßig um die Erschließung neuer Wissensgebiete geht.

Die Gründung eines Wissensnetzwerkes erfolgt meist in folgenden Schritten:

- Der Projektleiter eines größeren Vorhabens, der Leiter einer Zentralabteilung (z. B. Personal, QSU, Controlling, Forschung, Instandhaltung etc.) oder eines Unternehmensbereiches gibt den Auftrag, ein Wissensnetzwerk zu einem bestimmten Themengebiet ins Leben zu rufen. Er nimmt dabei die Rolle eines Community-Paten ein, der für die Bereitstellung der dafür erforderlichen Ressourcen (Personal, Budget, Infrastruktur) sorgt.
- Am Themengebiet Interessierte werden zu einem Startworkshop eingeladen, bei dem von den Teilnehmern die Themen ausgewählt werden, die sie im Wissensnetzwerk weiterbearbeiten möchten. Jeder Teilnehmer kann sich zu einer oder mehreren Themengruppen melden. Je Themengruppe wird ein Community-Redakteur gewählt, der u. a. für die Aktualität der in die Community eingebrachten Wissensbausteine sorgt.
- Bei weiteren Netzwerktreffen werden zunächst die Ziele für die Arbeit im Wissensnetzwerk gemeinsam geklärt und die Anforderungen an die dafür notwendige Infrastruktur definiert. Besonders wichtig bei diesen Treffen ist der Aufbau von persönlichen Beziehungen zwischen den Mitgliedern. Nur wenn sich die Netzwerkmitglieder persönlich gut (genug) kennen, werden sie ihr Wissen miteinander teilen.
- Sobald alle Rahmenbedingungen (ausreichend gut) geklärt sind, beginnt die Bearbeitung der ausgewählten Themen. Dies kann mit Unterstützung eines Kommunikationsforums (siehe Abschnitt 7.4.2) erfolgen. Die Community-Redakteure spielen in dieser Phase eine besonders wichtige Rolle, da sie für die Qualität der Beiträge Sorge tragen. Wenn ein Thema nicht mehr interessant ist, wird die betreffende Themengruppe aufgelöst, und ihre Wissensbausteine werden archiviert.

7.5 ZUSAMMENFASSUNG

In Abb. 4 ist zusammenfassend dargestellt, in welchen Prozessschritten welche Methoden und Tools am besten zum Einsatz kommen. Alle Methoden und Tools, die im gesamten Prozess verwendet werden können, sind im linken Balken des Bildes angeführt. Die Methoden des persönlichen Wissensmanagements wie Lerntagebuch, persön-

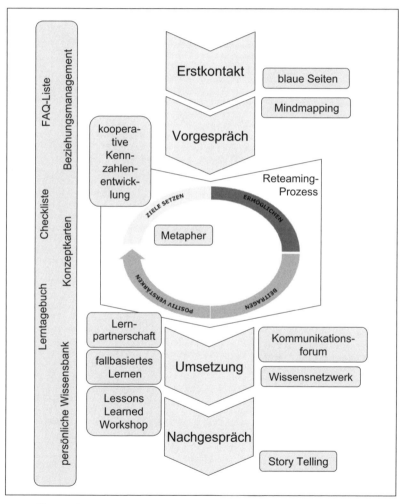

Abb. 4: Wissensmanagementmethoden und Tools im Beratungs- und Reteaming-Prozess

7 Wissensmanagement im Reteaming-Prozess

liche Wissensbank und Beziehungsmanagement, die speziell für den Reteaming-Coach beschrieben sind, können auch für die Teammitglieder hilfreich sein. Der Reteaming-Coach kann gegebenenfalls die Teammitglieder in den Gebrauch dieser Tools einführen.

Die sorgfältige Auswahl und der adäquate Einsatz der passenden Methoden und Tools des Wissensmanagements liegen in der Hand des Reteaming-Coach. Er kann damit die Qualität seines eigenen Beratungsprozesses und der Ergebnisse des Reteaming-Prozesses bei seinen Kunden nachhaltig verbessern – zu gegenseitigem Nutzen.

8 Reteaming –
lösungsorientierte Teamchoreographien gestalten

LÖSUNGSSPIELRÄUME FÜR TEAMS IM KONTEXT
VON PERSONEN UND VON ORGANISATION

Gerhard Hochreiter

Gareth Morgan beschreibt in seinem Buch *Images of organization* (1993) unterschiedliche Möglichkeiten, über Bilder und Metaphern Organisationen bzw. Teams beschreibend zu charakterisieren. Er weist dabei auf Vor- und Nachteile einer solchen partiellen Beschreibung hin (S. 5): „Metaphor is inherently paradoxical. It can create powerful insights that also become distortions, as the way of seeing created through a metaphor becomes a way of not seeing." Die folgenden Metaphern und „Landkarten" dienen als Sonden für die Beschreibung von Team und Teamentwicklung und sollen unterschiedliche Sichtweisen ermöglichen – gleichwohl manches dabei nicht beobachtet werden kann.

Nach Fritz Simon hängt das, was man beim Zeichnen von Landkarten (Wirklichkeitskonstruktionen) ungestraft wegdenken kann, davon ab, wozu man sie nutzen möchte, sie braucht. Die beiden Fragen: „Wo wollen wir hin?" und „Welche Landkarte brauchen wir?", können daher nicht getrennt werden. Dieser Beitrag versucht zu klären, was ein organisationstheoretisch gefärbter Begriff „Team" für Reteaming leisten kann. Zudem werden die relevanten Kontexte, die Teams prägen, ausgeleuchtet, und es wird der Frage nachgegangen, wie eine lösungsorientierte Beratung mit den Teams gemeinsam Antworten darauf finden kann. Der Beitrag will vor allem zum Fragen anregen, sicherlich keine fertigen Konzepte liefern.

8 Reteaming – lösungsorientierte Teamchoreographien gestalten

8.1 TEAMS – GIBT'S DIE WIRKLICH?

Was kennzeichnet die soziale Einheit „Team"? Welche Phänomene umfasst der Begriff „Team"? Woran würde man Teams erkennen können, wenn man sie im Land der Organisationen suchen würde? Team als Gruppe oder Organisationsteil, Team als Hort sozialer Zuwendung, Team als die einzige Erfolgsformel, „Team als das Chaos, das ausbricht, wenn gutgläubige Soziologiestudenten in Unternehmen stolpern" (Staute 1996), Team als Mittel, Komplexität zu verarbeiten (Königswieser 1999), Teamparks als die bessere Organisationsform (Ridderstrale a. Nordström 2000) etc. Team bezeichnet alles und nichts gleichzeitig. Der Begriff „Team" dient als Kenogram – als Leerstelle – für unzählige Zumutungen und Beschreibungen (vgl. Günther 2002).

Welche Bilder haben Sie vor ihrem inneren Auge, wenn Sie von guten Teams hören?

Denken Sie an dynamische, aufeinander eingeschwungene, Spaß habende Menschen, die das tun, was ihnen Freude macht und dabei erfolgreich sind: von Basketball über Segelcrews bis hin zu Popbands, aber auch Berufen wie kreative Werber, Architekten und Berater. Oder denken Sie eher an eine eigenverantwortlich handelnde, autonom arbeitende, durch ein gemeinsames Ziel auf Zeit gelenkte Gruppe von Fachleuten, die sich zur Erreichung ihres Zieles zusammenfindet?[1]

Was als Team definiert, beschrieben wird, hängt von den Beschreibenden und Beobachtern und ihren Zielen ab. Dennoch erscheint es uns hier nützlich, auf Erfahrungs- und Beobachtungsperspektiven von Wissenschaftern, Beratern und Managern hinzuweisen, da sie hilfreiche Fokussierungspunkte im Rahmen der Teamentwicklung anbieten.

Einige dieser Erfahrungswerte und Fokussierungsangebote sind die folgenden:

– Teams sind soziale Systeme mit ausdrücklichem Zweck- und Zielbezug (Schmidt 2000, S. 6). Erst aus diesem Zielbezug ent-

---

[1] Siehe dazu R. Sprenger (zit. nach dem Wirtschaftsmagazin *brand eins* 1/2002, Schwerpunkt „Kooperation").

8.1 Teams – gibt's die wirklich?

steht der Sinn eines Teams. Auf den Punkt gebracht, bedeutet dies, dass die Ziele und Zwecke die Schöpfer eines Teams sind. Teams entsehen durch und rund um ihre Ziele. Diese entwickeln sich im organisatorischen Kontext und sind in die spezifischen Ziele der Organisation eingebettet (wie z. B. Beratungsprojekte durchführen, Häuser planen, Autos bauen etc.). Die Affektdynamik, die Spiele von Nähe, Distanz und Konflikten usf. entwickeln sich rund um die mehr oder minder zieldienlichen Interaktionsmuster (Handlungen, Unterlassungen).

– Die Motivation der einzelnen Mitglieder im Team dafür, etwas zum Ziel beizutragen, entsteht aus der Tatsache, dass sie sich durch ihr Mitwirken im Team einen (offensichtlichen oder versteckten) Nutzen versprechen, den sie ohne Mitwirkung nicht erreichen könnten.
– Wird das Team zum „Hochleistungsteam" (Katzenbach u. Smith 1993), dann sind Phänomene wie Spaß an der Arbeit und am Miteinander, Verantwortungsübernahme und Führung von allen, Leichtigkeit im Tun gehäuft beobachtbar. Die passende Affekt- und Beziehungsdynamik unterstützt das optimale zieldienliche Zusammenspiel und beflügelt es.
– Der Energiefluss eines Teams prägt seine beobachtbare Kraft, Energie und Dynamik. Wir nennen diesen Energiefluss im Anschluss an H. Owen (2001) „Spirit". „Alles beginnt mit Spirit, der sich […] als das Business zeigt, das wir betreiben" (S. 56). Man kann Spirit nicht beschreiben, sieht aber den Unterschied: Ist er nicht da, scheint kaum etwas zu gelingen, ist er da, klappt es ganz von alleine, völlig ohne Anstrengung. Mit Mathias zur Bonsen (2000) meinen wir, dass Spirit eine Quantität ausdrückt: Der Spirit einer Organisation, eines Teams kann kraftvoll sein oder kärglich. Zusätzlich beschreibt Spirit auch eine Qualität: Spirit im Sinne des Geistes oder der Kultur eines Teams, die viele Färbungen annehmen kann. Paul McCartney beschreibt den Spirit der Beatles so: „Es war für John und mich üblich, ins Studio zu gehen, wo wir George, Ringo und George Martin [den Produzenten] trafen. Wir spielten einen Song, den wir meistens in der Woche zuvor geschrieben hatten, einfach vor. Das dauerte fünf Minuten, eventuell wollte George Martin ihn noch mal hören, dann brauchten wir zehn Minuten. Danach sagte Ringo: ‚Okay, ich weiß, was ich spiele', und George sagte: ‚Ich

nehme die oder die Gitarre', wir spielten eine halbe Stunde, und das Stück war fertig" (brand eins 2002). Paul McCartney beschreibt damit sehr deutlich die Energie und produktive Kraft der Band.

8.2 Das Team lebt mit Hierarchie, Unternehmenszielen und bestimmten Akteuren: Teams im Kontext von Organisation und Person

Organisationen und Personen sind relevante Kontexte von Teams. Man kann bei Teamentwicklung das Augenmerk nicht alleine auf die Entwicklung von Personen richten, sondern muss passende Balancen zwischen Organisation, Team und involvierten Personen finden und ausgestalten.

8.2.1 Der Kontext Organisation?
Spezifische Ziele, Entscheidungen und Akteure
Wir verstehen Organisationen als komplexe Gebilde, die von Menschen zur besseren Bewältigung von Aufgaben und Problemen geschaffen wurden.

Unser Begriff von Organisation umfasst alle Aufbau- und Ablaufstrukturen, Hierarchien, Spielregeln, Entscheidungsregeln, Normen, Werte und Kulturen, die sich als Antwort auf die Ansprüche des Umfeldes (Markt, Kunden, Mitarbeiter, Gesetze, Technologien) als passend und funktional herausgebildet und sich in der Zeit bewährt haben. Unsere Grundthese ist, dass Organisationen in hohem Maße durch ihre besondere Aufgabe (Autos bauen oder Unternehmen beraten oder IT programmieren oder Kranke versorgen oder Theater spielen) beeinflusst sind. Organisation geschieht durch Prozesse von ineinander greifenden emergenten Kommunikationen und Verhaltensweisen von mehreren Personen (Weick 2001). Organisation bezeichnet dabei als Begriff eine Differenz (Baecker 2000) – die Differenz der Kommunikation von Entscheidungen (dem kontinuierlichen Treffen von Entscheidungen und Metaentscheidungen, systemtheoretisch beschreibbar als autopoietische Entscheidungskommunikation) und von Kommunikation unter Anwesenden (Interaktion). Wir verstehen Organisation aus der Dynamik der Kommunikation von Entscheidungen (Luhmann 2000) und den Interakten von vielen Personen. Gleichzeitig meinen wir, dass Organisationen eingebettet sind

8.2 Das Team lebt mit Hierarchie, Unternehmenszielen und Akteuren

in bewusst und unbewusst ablaufende Prozesse, Affektdynamiken und Interaktionsmuster.

Emergenz ist nach Luhmann 1984 nicht einfach „Akkumulation von Komplexität, sondern Unterbrechung und Neubeginn des Aufbaus von Komplexität" (S. 44). Der systemtheoretische Begriff Emergenz verweist auf das Auftauchen neuer, zumeist höherer oder komplexerer Eigenschaften eines Systems. Sie dient der Komplexität als Struktur. Eine emergente Ordnung ist bedingt durch die Komplexität der sie ermöglichenden Systeme, die aber nicht berechnet, kontrolliert oder gesteuert werden können (ebd. S. 157 f.). Emergente Ordnungen sind in diesem Sinne kontingent – es gibt keine basale Zukunftsgewissheit und keine darauf aufbauenden Verhaltensvorhersagen (ebd.).

Jede Organisation ist ein Schatz von „eingefrorenen" Lösungen, von früher getroffenen Entscheidungen, die sich in Struktur gewandelt haben und intern als Erwartungsverdichtungen fungieren: Man kann erwarten, dass so oder so entschieden bzw. gehandelt wird. Damit verstehen wir hier Organisationen als ein Aneinanderreihen und Verknüpfen von Entscheidungs- und Interaktionsprozessen rund um eine „primäre Aufgabe" (A. K. Rice), als „ein Zusammenspiel von unterschiedlichen Prozessen, aus denen schließlich habitualisierte Routinen und Netzwerke von Handlungen" (Weick 2001) hervorgehen und sich in bestimmten Strukturen und Mustern manifestieren.

Teams entspringen diesen Mustern und prägen sie gleichermaßen. Die Ziele von Teams entstehen im Rahmen der „primären Aufgabe", der relevanten Ziele der Organisationen. Aus der Teamentwicklung sind die relevanten Messgrößen (Umsatz, Gewinn, DB), aber auch die strategischen Ziele der Organisation nicht wegzudenken. Die Teamkultur und die Teamziele sind von diesen Kontexten geprägt und spielen sich in diesen Kontexten ab. Will man Teams entwickeln, muss man auf diese Kontexte, auf das Eingebettetsein des Teams in die Organisation, auf die spezielle Organisationskultur, auf das spezifische Ziel der Organisation Rücksicht nehmen und sich als Manager bzw. als Berater im Interventionsdesign darauf ausrichten.

8.2.2 Personen prägen als Akteure der Organisation Teams und ihre Entwicklung

Teams werden außer durch den Kontext Organisation von Menschen und ihren Interaktionen geprägt. Nur Menschen, ihre Persönlichkeit und die im zieldienlichen Zusammenspiel entstehenden sozialen und emotionalen Dynamiken können ein Team unverwechselbar machen.

Gute Teams sind wie guter Jazz – Balance von Individualität und der Ausrichtung an kollektiven Zielen

In einem guten Team ist die Paradoxie von Pflege der Individualität der Ich-Entrepreneure und der gleichzeitigen Ausrichtung an kollektiven Zielen wichtig. Das Team als soziale Einheit bringt die Leistung, die Individuen tragen dazu bei. Personen fungieren in Teams als Adressaten von unterschiedlichen Erwartungen, und jedes Team braucht sie als die belebenden Unterschiede: den kreativen Innovator, den forschen Promoter, den auswählenden Entwickler, den zielstrebigen Organisator, den konsequenten Umsetzer, den kontrollierenden Überwacher, den unterstützenden Stabilisator, den bewanderten Berater. Diese Vielfalt zu kennen, zu nutzen, wertzuschätzen und zielorientiert zu bündeln ist ein ganz zentraler Erfolgsfaktor. Teams sind in dieser Hinsicht wie guter Jazz: „Mach Platz für andere, hilf ihnen, gut zu klingen, und benutze dann einen Teil ihres Spiels, um selber gut zu klingen" (Wynton Marsalis 1995).

Im täglichen Leben der Teams ist ein kreativer und zieldienlicher Umgang mit der Paradoxie von Gemeinsamkeit und Individualität jeweils anzutreffen. Kreative Kollektive lassen Raum für individuelle Unterschiede, haben aber übergeordnete Ziele, die von allen geteilt werden. Die Erwartungen an die Teammitglieder werden besonders vom gemeinsamen Ziel her beeinflusst – wen und welche Rollen braucht man, um gute Autos zu bauen, und wen, um kreative Werbungen zu entwickeln?

Teams als Ort, „Spirit" zu erzeugen und Emotionen zuzulassen

Teams gelten von jeher als die Möglichkeit, innerhalb der unübersichtlichen, „kalten" Organisation Nahwelten einzurichten, in denen es auch darum geht, Emotionen zuzulassen und besprechbar zu machen. Teams sind aber gerade deswegen erfolgreich, weil ein In-Resonanz-Sein, ein optimales Zusammenspiel, ein Hand-in-Hand-Arbeiten, ein Aufeinander-abgestimmt-Sein auf Affektdynamik und Intuition basiert. Hier zeigt sich der Spirit des Teams – kraftvoll oder kärglich. „Liebe, Lust, Wildheit und ein wenig Clownerie – wie

8.2 Das Team lebt mit Hierarchie, Unternehmenszielen und Akteuren

kommt es, dass man in vielen Unternehmen darüber die Stirn runzelt? Dabei wissen wir, dass die besten (und schlechtesten) Dinge im Leben mit starken Gefühlen einhergehen" (Holmberg u. Ridderstrale 2001, S. 58) An den Knotenpunkten der Organisation stehen handelnde Personen – „dies in ihrer Emotionalität und Intellektualität, mit ihren Sorgen, Hoffnungen und Befürchtungen, mit ihrer Phantasie und ihrer Begriffsstutzigkeit" (Baecker 2000). Solange diese Ressourcen nicht für das Organisieren und Wirtschaften genutzt werden, solange auf diese Seeleneffekte nicht als Zugänge zu anderem Wissen zugegriffen wird, so lange sind unsere Fähigkeiten und unser Gestalten begrenzt. Gerade „berührende" Momente geben Teams die Kraft und die Energie, ihre Ziele zu erreichen. Der Spirit eines Teams wird von solchen Momenten genährt.

Überlagerung von formaler und informeller Kommunikation
Team galt lange Zeit als Widerpart zur Hierarchie. Teams sind heute in der Regel an den meisten überlebenswichtigen Knoten der Leitungsprozesse der Organisationen angesiedelt, und auch Führung erfolgt immer mehr in Teams. Immer öfter arbeiten in Teams Mitglieder gemeinsam mit ihren unmittelbaren Vorgesetzten als *playing captains* und als *linking pins* zur nächsthöheren Hierarchiestufe an einer Aufgabe, an einem Projekt. Bei dieser Form der täglichen Arbeit in Teams gehen direkte, emotional gefärbte Kommunikation und „formale Kommunikation" Hand in Hand. Alle Mitglieder eines Teams sind gleichzeitig relevant als Personen, die mit allen ihren Emotionen, ihren Stärken, ihren Verstelltheiten, persönlichen Vorlieben usf. ihren Platz im Beziehungsgefüge des Teams haben. Sie sind aber auch Funktionsträger, denen per definitionem die Erfüllung einer bestimmten Aufgabe und teilweise sogar einer Führungsaufgabe zukommt. Mit dieser Ambivalenz sind Teams immer öfter konfrontiert – Teams tragen sowohl das Steuerungsprinzip der Emotionalität als auch das der Zweck- und Aufgabenorientierung in sich und müssen diese Paradoxie balancieren.

Teams brauchen die Balance von Kooperation und Wettbewerb
Wir gehen von der Hypothese aus, dass die Akteure eines Teams im Sinne der Zielorientierung gleichzeitig kooperieren müssen und im Wettstreit miteinander liegen um neue Lösungen, um Beiträge zur Zielerreichung, um Anerkennung, um Positionierungen im Team,

um emotionale Zuwendung, um Sichtbarkeit etc. Wir vertreten hier im Anschluss an Ahlemeyer und Schöppl (2001) die Hypothese, dass ein gut funktionierendes Team beides braucht: eine hinreichende Einheit und eine hinreichende Differenz. Neue Impulse, Energie entstehen durch das Zusammenkommen von mannigfaltigen Möglichkeiten, die sich aus dem Ziehen bzw. Bestätigen von bestehenden oder neu entstehenden Grenzen ergeben – so meint Linda A. Hill (2000), dass Vielfalt und Konflikt die Voraussetzungen für Kreativität und Innovation sind. Diese widersprüchlichen Grundanforderungen bleiben zwischen den Beteiligten oft genug unausgesprochen, und manches Team „hat sich in den Verschlingungen von strittigen Sachpositionen, individuellem Karrierestreben und entfesselter innerer Konkurrenz verheddert" (Ahlemeyer u. Schöppl 2001).

8.3 LÖSUNGSORIENTIERTE TEAMCHOREOGRAPHIEN MIT RETEAMING

8.3.1 Choreographie der Lösungsinteraktionen

Ziel des beraterischen Gesprächs ist es, die Problemschilderungen *(problem-talk)* möglichst kurz und nur im Hinblick auf Bewältigungsstrategien und mögliche Ressourcen aus der Vergangenheit zu fokussieren, „um in ausführlicher Weise die angestrebten und erwarteten Veränderungen *(solution-talk)* zu behandeln und vor allem bislang eingetretene Veränderungen entsprechend herauszuarbeiten" (Brandl-Nebehay, Rauscher-Gföhler u. Kleibel-Arbeithuber 1998, S. 60 ff.). Soziale Systeme entstehen durch die Fokussierung von Aufmerksamkeit. Was jemand als Wirklichkeit erlebt, ist das Ergebnis der jeweiligen Wahrnehmungsfokussierungen. Wann und wie Aufmerksamkeit eingesetzt, wohin sie gelenkt und ob sie stabilisiert wird, bestimmt in der Folge die Wahrnehmung (Konstruktion) von „Wirklichkeit". Aufmerksamkeitsfokussierung schließt etwas ein, indem sie etwas anderes ausschließt. Andere „Wirklichkeiten" werden quasi ausgeblendet oder treten in den Hintergrund – oft so stark, dass sie „vergessen" werden (Schmidt 2001, S. 8).

Im Reteaming-Prozess wird eine kontinuierliche Fokussierung der (willkürlichen und unwillkürlichen) Aufmerksamkeit auf lösungsförderliche Potenziale gelenkt. Die damit verbundenen psychophysiologischen Prozesse der Einzelakteure und die Interaktionsmuster der Handelnden „tragen zur Gestaltung von Regeln und

8.3 Lösungsorientierte Teamchoreographien mit Reteaming

regelhaften Mustern bei, welche wieder auf die Aufmerksamkeitsfokussierung der Beteiligten im System zurückweisen" (ebd.). Die hier im Buch beschriebenen Konzepte zielen immer darauf ab, das System (Team, Abteilung, Organisation) auf seine Ressourcen, seine Möglichkeiten, seine Potenziale aufmerksam zu machen, die eigenen Suchprozesse anzuregen und beim Aufbau eines solchen Lösungssystems zu unterstützen.

Mit C. O. Scharmer (Käufer u. Scharmer 2000) verstehen wir Beratung als Dialog: als ein schöpferisches Gespräch. Die Qualität des Dialogs ist eine der wichtigsten für das kreative Gestalten. „Die Kunst des schöpferischen Dialogs zielt letztlich auf die Aktualisierung einer intersubjektiven ‚Feld-Intelligenz', d. h. auf das Erschließen von sozialen Kraftquellen und Handlungspotenzialen, die über die Existenz von atomisierten Einzelindividuen hinausgehen"(ebd., S. 125). Das „Tun des einen" erhält immer erst seine Bedeutung und Wirkungen durch „das Tun der anderen".

8.3.2 Die vier Wege

Zu einer kooperativen, zieldienlichen Beratung führen folgende vier wichtige Wege (vgl. Schmidt 2000).

Zielentwicklung und Entscheidung auf ein Ziel hin

Ziele sind die Createure von Teams. Die Interaktions- und Kommunikationsmuster von Teams sollten daher zieldienlich organisiert und abgestimmt sein. Aufgrund der Geschichte und Kultur von Organisationen schwingen sich in Teams aber oft auch Muster ein, die nicht oder nicht mehr zieldienlich sind. Teamentwicklung sollte den Fokus auf die Ziele wieder ermöglichen und Teamlernen anstoßen. Teamlernen ist der Prozess, durch den ein Team seine Fähigkeit, die angestrebten Ziele zu erreichen, kontinuierlich schult und erweitert (vgl. Senge 1996). Im Reteaming-Workshop wird eine Meinungs- und Entscheidungsbildung hinsichtlich sinnvoller und passender Ziele und die Entwicklung einer energetisierenden Vision angestoßen. Probleme werden in korrespondierende Ziele „verwandelt", dann wird ein Ziel ausgewählt und bearbeitet. Dabei werden auch die möglichen Gewinne der Zielerreichung auf unterschiedlichen Ebenen (ich, Familie, meine Frau/mein Mann, meine Kinder, Team, in der Organisation) identifiziert. Im Anschluss werden die mögliche Zukunft imaginiert und eine konkrete Beschreibung des Zielzustandes („Dream-Team") ermöglicht. Die ericksonsche Hypnotherapie bietet dazu die „Pseudoorientierung in der Zeit" an, die eine imaginative Reise in das Land des Zieles ermöglicht. Der Prozess des Imaginierens (G. Morgan 1998) fordert dabei zur Kreativität heraus, er lädt ein, neue Deutungen des Teams zu kreieren, um das Team mit neuen Beschreibungen neu zu „erfinden". Diese Schilderungen sollten durchaus kreativ erfolgen, um möglichst viele Wahrnehmungskanäle zu nutzen und Blockaden zu lösen. Es können z. B. Darstellungsmethoden aus der Welt des Theaters (Sketches, Szenen aus der Zukunft) genutzt, aber auch Bilder gemalt werden. Um alte, tief verwurzelte Denkweisen abschütteln zu können, muss man neue Bilder entwickeln, neue „Sprachen" und Emotionen nutzen, um sein Handeln zu begreifen und neu gestalten zu können. Theaterspielen hat den Vorteil, dass die Teammitglieder die Zukunft (den gewünschten Zustand) schon einmal „spielend" gemeistert und plastisch erlebt haben. Durch die visuelle Codierung (Bildermalen) ist die Interpretation offen und vorerst nicht vom üblichen Sprachspiel beeinflusst. Dies hilft auch, andere, fremde, tabuisierte Sichtweisen „zu Wort" kommen zu lassen.

Die Vision soll zu einer neuen Geschichte, einer gemeinsam erzählten Story, werden, die darüber Auskunft gibt, wie „es" aussehen würde, wenn alles funktionieren würde. Die Vision sollte eng an dem spezifischen Ziel, der Primäraufgabe der Organisation ausgerichtet sein, aber ansonsten alle Möglichkeiten in Richtung Zukunft öffnen.

Die Stärke von Bildern und Zielen wird durch eine Geschichte veranschaulicht, die uns Karl Weick übermittelt hat: „Eine Gruppe von Leuten ging bei einem schweren Schneesturm in den Schweizer Alpen verloren. Sie hatten sich verirrt, und als sie die Hoffnung fast aufgegeben hatten, fand einer von ihnen in einer seiner Taschen eine Landkarte. Diese neue Möglichkeiten waren so ermutigend, dass sie wieder frische Energien aufbrachten und einen Weg zurück in bewohnte Gegenden fanden. Stellen sie sich ihre Überraschung vor, als man nach ihrer Rückkehr feststellte, dass es sich gar nicht um eine Karte von den Alpen, sondern von den Pyrenäen handelte!" (Weick zit. n. Morgan 1998, S. 41). Diese Geschichte macht deutlich, wie ein neues Bild, eine neue Idee und eine neue Voraussetzung Lösungsspielraum schaffen können. In diesem Raum können dann neue Initiativen und neue Handlungen entstehen.

8.3 Lösungsorientierte Teamchoreographien mit Reteaming

Fokus auf relevante Kontexte, Ausnahmen, Ressourcen
Reteaming wird als Reise gestaltet, bei der das Team auswählt, wohin es geht und woran es erkennt, dass es das Ziel erreicht hat. Um zieldienliche Unterstützung zu ermöglichen, bieten sich im Veränderungsprozess unterschiedliche Fokussierungspunkte an.

John Kao, ein chinesisch-amerikanischer Universitätsprofessor (Harvard) und Unternehmensberater für Kreativität, beschreibt *jamming* – das freie, kreative Improvisieren im Jazz – als *„root-metaphor"* für Kreativität. Entsprechend seinem Ansatz, dass Kreativität eine Grammatik braucht („Wer improvisieren will, braucht eine Melodie"), folgen wir der Melodie des Reteaming und „jammen". Beim Jammen geht es nach Kao darum, ein bestimmtes Umfeld für Unordnung zu schaffen, auf dem sich dann Neues entwickeln bzw. Altes bestätigen kann. Mit Mr. Keating, dem Lehrer aus dem Film *Der Club der toten Dichter*, meine ich: „Gerade, wenn man glaubt, etwas zu wissen, muss man es aus einer anderen Perspektive betrachten." Warum nicht mit Fokussierungen etwas *jammen*?

- *Den Fokus auf die Stärken und Ressourcen* aus der Vergangenheit (z. B. über *appreciative inquiry-Interviews*) richten, um die Vergangenheit wertzuschätzen und sie wertschätzend abzuschließen. Schließlich ist man als Team bis zum Hier und Jetzt auf der Basis der Vergangenheit und ihrer Erfolge gegangen.
- *Den Fokus auf Ausnahmen* richten (wo haben wir das Ziel auch bisher schon ein bisschen gelebt?).
- *Den Fokus auf die Unterschiede* der Teammitglieder richten und darauf, wie sich diese als Ressourcen nutzen lassen. Ziel ist es, die Personen als relevante Umwelt des Teams sichtbar zu machen. Welche Talente, Ressourcen kann jeder zur Zielerreichung beitragen? Welche Vision verfolgt der Einzelne, und wo findet er sich in der Gesamtvision wieder?
- *Den Fokus auf Emotionen und Affekte* richten: Kultur ist anthropologisch gesehen immer auch Stammeskultur, die ihre Formen der ritualisierten Selbstinszenierung und Bestätigung – auch über Emotionen – braucht. Emotionen sind offiziell nicht Teil der Organisation. Sie sind ein blinder Fleck des Organisierens. Die Formen der emotionalen Inszenierung, gepaart mit Selbstreflexion, sind imstande, Veränderungssignale auszusenden und Veränderungsenergie zu bündeln. „Warum also

nicht in Workshops, Open-Space-Veranstaltungen, Mitarbeiterbefragungen, Zukunftskonferenzen das Eigenlogische, Lebendige, das jenseits des Rationalitätskalküls Wirksame der Organisation sichtbar machen und feiern" (Schober 2000, S. 14) und aktiv zur Zielerreichung nutzen? Erlebnisorientierte Interventionen richten den Aufmerksamkeitsfokus auf ungewohnte Kommunikationsformen und Wahrnehmungssinne durch neues Erleben. Durch inszeniertes „Sensing" (Scharmer 2000) über Sprache (Metaphern, Schauspiel, Sketch), Körper (Tanz, Bewegungen, Aufstellungsarbeit), Bildermalen, Klang (Trommeln, Musik, Gesang) kann eine Bearbeitung von Emotionen, aber auch ein neues Erleben und Erspüren von „Realität" über so viele Sinne wie möglich gestaltet werden. Ziel solcher Interventionen ist es, den Aufmerksamkeitsfokus auf unbekannte, vielleicht sprachlich tabuisierte Bereiche zu lenken, womit der Möglichkeitsraum für neue Handlungen eröffnet wird. Das Geheimnis, das der Fuchs im Märchen von Antoine de Saint-Exupéry dem kleinen Prinzen offenbart, klingt ganz einfach: „Man sieht nur mit dem Herzen gut. Das Wesentliche ist für die Augen unsichtbar."

– *Den Fokus auf die Organisation als relevante Umwelt* richten, um Probleme und Restriktionen von der Organisationsseite her sichtbar zu machen. Ziel ist das prozesshafte Sichtbarwerden der Differenz Problem/Restriktion. Diese Differenz ist von Gunther Schmidt eingeführt worden. Er meint mit Problem bearbeitbare und lösbare Bedingungen (auch wenn Bearbeitung und Lösung schwierige Unterfangen sein sollten); auf Restriktion hingegen verweist er, wenn es um nicht bearbeitbare, nicht veränderbare Bedingungen geht (z. B. Gesetzesvorgaben, bestimmte Personen, manche Zeitbegrenzungen etc.). Bei Restriktionen kann man nur an ihren Auswirkungen arbeiten: Welche Auswirkungen hat diese Budgetvorgabe in diesem Projekt? Wie können wir damit umgehen? Nach Luhmann (2000) sind Organisationen ein autopoietisches Entscheidungsgeflecht. Teams sind in dieses eingebettet. Mit Luhmann und Scala und Grossmann (1997) vertreten wir die These, dass bewusst inszenierte Veränderungs- und Lernprozesse daher auch auf das Treffen von Entscheidungen hinauslaufen. Entscheidungen eines Teams müssen z. B. mit der Leitung abgesprochen

8.3 Lösungsorientierte Teamchoreographien mit Reteaming

werden oder müssen als Entscheidung in der Organisation sichtbar gemacht werden.

Choreographie der nächsten Schritte
Eine Idee ist ein fragiles Gebilde, bedroht von Zumutungen und bedrängt von Hoffnungen, solange sie nicht zur Tat-Sache wird. Alles Wahrnehmen verdankt sich gemäß dem Konstruktivismus allein dem Wahr-Machen durch das Treffen von Unterscheidungen, deren eine Seite etwas ins Licht rückt, uns bewusst macht, uns auf etwas hinweist, deren andere Seite jedoch im gleichen Zuge ausgeblendet wird. Das Erzeugen von neuen Bildern ist ein kreativer Akt und ist meistens mit viel Energie und Spaß der Beteiligten verbunden. Teammitglieder können darin aufgehen, und ihre Kreativität eröffnet komplett neue Möglichkeitsräume. Wenn diese Kreativität und Möglichkeitsräume aber nicht – in Handeln und Aktion übersetzt – im Team verankert werden, dann ist Veränderung schwierig. Die Frage ist also: Wie implementiert das Team ein neues Bild in den Alltag, in den Kontext der Organisation? Wie schafft es das Team, dass dieses Bild auch Veränderungen auslöst?

„Wenn Teams lernen, werden sie zum Mikrokosmos für das Lernen in der ganzen Organisation. Gewonnene Einsichten werden in die Tat umgesetzt" (Senge 1996).

Im Veränderungsprozess werden zumindest drei konkrete – kleine – Veränderungsschritte *(baby steps)* vereinbart und die sozialen Zusammenhänge, in denen die Veränderungsschritte bearbeitet und/oder beobachtet werden sollen, ausgewählt.

Auswahl und Entwicklung zieldienlicher und zielstabilisierender Rückkopplungsschleifen
Die Generierung von schöpferischen Dialogen, die auf das Erschließen von sozialen Energiequellen und unternehmerischen Handlungspotenzialen über externe Einzelmeetings (Workshops, Teammeetings) hinaus zielen, machen die Qualität der Beratung aus. Crozier u. Friedberg (1979, S. 240 ff.) betonen, „daß es Wandel nur geben kann, wenn ein ganzes Handlungssystem sich verändert. Dies bedeutet, daß die Menschen neue menschliche Beziehungen, neue Formen sozialer Kontrolle ausarbeiten und praktizieren müssen. Dabei geht es vor allem um die Spiele, die die sozialen Beziehungen steuern und […] das Gerüst unserer Institutionen bilden […]. Damit solche

Veränderungen eintreten können, genügt es nicht, daß ihnen die Kräfteverhältnisse günstig sind. Es müssen genügend Fähigkeiten verfügbar sein: kognitive Fähigkeiten, Bezugsfähigkeiten, Steuerungs- und Regulierungsfähigkeiten." Gestaltete Feedbackschleifen im Anschluss an die Workshops dienen im Reteaming als Anker des Neuen und als wechselseitige Informationsmöglichkeit bezüglich der Zielerreichung. In der Praxis kann dies z. B. über Dialogpaare gestaltet werden, die sich in einer so genannten Step-Mentor-Partnerschaft immer wieder treffen und sich Feedback über Einhalten und Fortgang des Vereinbarten geben. Dies kann aber auch das übliche Teammeeting leisten, in dem nach im Workshop vereinbarten Regeln wechselseitig Feedback erstattet wird. Die Folge ist, dass die Teammitglieder auf die (auch noch so kleinen) Fortschritte achten und auf positive Entwicklung zurückschauen. Die Beiträge der einzelnen Teammitglieder werden anerkannt, gewürdigt, und die gewonnenen Erkenntnisse werden zusammengefasst. Eine Fokussierung auf das gewünschte Ziel wird dadurch ermöglicht und verstärkt.

Wichtig ist es, im Reteaming-Workshop ein gemeinsames Bild der nächsten Schritte und der neuen Spielregeln zu ermöglichen und zu gestalten. Es sollten gemeinsame Festlegungen in Bezug auf Zeitpunkte, bis zu denen die Ziele bzw. die Etappen dorthin erreicht werden, bzw. auch in Bezug auf Zwischenbilanzmaßnahmen getroffen werden.

8.4 Resümee

Ausgangspunkt dieses Artikels war, mögliche blinde Flecken, die bei manchen Zugängen zu Team und Teamentwicklung auftreten, auszuleuchten und die *Organisation als soziales System* in den Mittelpunkt der Überlegungen zu stellen. Organisation als Kontext für Teams rückt den selbstreferenziellen Entscheidungs- und Interaktionszusammenhang der Organisation – das autopoietische Entscheidungsgeflecht, welches Entscheidung an Entscheidung und Interaktion an Interaktion knüpft – ins Zentrum der Aufmerksamkeit. Dadurch werden neue Fokussierungspunkte für den Reteaming-Prozess gewonnen.

9 Erfahrungen mit Reteaming

Thomas Pollmann

9.1 ORGANISATIONSSIMULATIONSSEMINAR[1]

Das von Marion Schadler, Doris Müller-Schiestl und mir für Studenten und Studentinnen des 8. Semesters durchgeführte Organisationssimulationsseminar (OSS) verfolgte das Ziel, Teilnehmern und Teilnehmerinnen die Möglichkeit zu bieten, in einer simulierten Organisation ihre Prozesskompetenz in Selbstorganisation zu erfahren, zu gestalten und in geführten Reflexionsprozessen weiterzuentwickeln.

In neun Gruppen sollten Durchbruchs- oder Veränderungsinnovationen (Produkt oder Dienstleistung aus den Bereichen Medientechnik, Medienmanagement oder Telekommunikation) erarbeitet und am zweiten Tag im Plenum präsentiert werden. Die Arbeitsgestaltung oblag den Teilnehmern. Ein externer, gebriefter Beobachter gab Rückmeldung hinsichtlich der Prozesse.

Mit einer Gruppe (Nummer 9) wurde von mir vor der inhaltlichen Arbeit ein Reteaming bis zum Maßnahmenplan in drei Stunden durchgeführt. Weil die gesamte Arbeitszeit bei knapp elf Stunden lag, bestanden anfänglich massive Zweifel der Teilnehmer hinsichtlich der verbleibenden Arbeitszeit und der Möglichkeit zur Erledigung des Arbeitsauftrages. (Darauf wird im Protokoll noch gesondert eingegangen).

Neben dem nachfolgenden Protokoll wird im Anschluss auch eine Evaluation der Teamarbeit mit und ohne Reteaming dargestellt, die ebenfalls im Rahmen des OSS durchgeführt wurde.

1 Protokoll zu Reteaming und Evaluation im Rahmen des Organisationssimulationsseminars an der FH St. Pölten, Studiengang Telekommunikation und Medien, im April 2003.

9 Erfahrungen mit Reteaming

9.1.1 Probleme des Teams
- Die Teilnehmer und Teilnehmerinnen kannten sich vom Studium, hatten aber noch nie miteinander ein Projekt erarbeitet.
- keine Erfahrungen hinsichtlich der Teamentwicklung
- Strukturierung und Planung der Abläufe waren nicht vorhanden.
- Stärken und Fähigkeiten der Teammitglieder waren unbekannt.
- rasches, aber ineffizientes Herangehen an den Arbeitsauftrag
- fehlendes Zeitmanagement
- mangelnde Identifikation mit dem Ziel
- Welches Ziel überhaupt?
- Kommunikationsprobleme – kein gemeinsames Verständnis
- Gruppenregeln fehlten: „Wie werden wir arbeiten?"

Die angegebenen Probleme wurden „entsorgt" und die entsprechenden Ziele weiter bearbeitet.

9.1.2 Ziele des Teams
Aus den Problemen wurden im selben Arbeitsschritt korrespondierende Ziele entwickelt.

- Teamarbeit
- Identifikation mit dem Projekt
- gemeinsame, geregelte Pausen
- Kreativitätstechniken anwenden
- Plan erstellen
- nur konstruktive Kritik, Lob
- definierte Aufgabenabgrenzung
- Aufgabenteilung
- Alternativlösungen bedenken
- Risikomanagement
- effizientes Arbeiten
- Zeitmanagement
- motivierende Maßnahmen
- Überzeugung
- zuhören und ausreden lassen

9.1.3 Global goal

Nach kurzer Diskussion über das Ziel, welches zu verfolgen sei, einigte sich das Team auf eine Mehrpunktewertung. Danach wurde das erste Ziel unter Berücksichtigung der anderen Ziele umfassender definiert. Die Erarbeitung brauchte etwa sieben Minuten unter Einbeziehung aller Teammitglieder.

Zieldefinition
Am Ende des OSS werden wir mithilfe eines Zeit- und Maßnahmenplanes das Projekt effizienter, zielstrebiger und nachhaltiger als andere Gruppen abgeschlossen und präsentiert haben. Die Umsetzung geht nicht auf Kosten der Teammitglieder, und jeder findet sich im Ergebnis wieder.

Als Zeichen des Konsenses wurde die Zieldefinition von allen Teammitgliedern unterschrieben.

9.1.4 Gewinne

Den Teammitgliedern war innerhalb kürzester Zeit klar, dass sie aufgrund der eindeutigen Zieldefinition eine ganze Reihe äußerst positiver Ergebnisse in Form von Vorteilen erhalten werden:

- konsequentes Arbeiten
- Alle werden eingebunden.
- Jeder kennt seine Aufgaben und seine Verantwortung.
- Effizienzsteigerung
- Es wird nicht fad.
- wissen, was die anderen arbeiten
- wissen, wer „schuld" ist
- Engpässe und Hindernisse
- keine Detailverliebtheit
- Aufwandsenkung

Ab diesem Zeitpunkt machte sich eine deutlich spürbare Entspannung hinsichtlich der eingangs geäußerten Zweifel bezüglich des Erreichens des Arbeitsauftrages breit. Gleichzeitig war eine Art verhaltene Euphorie wahrnehmbar, die einen unerhörten Motivationsschub mit sich brachte und dadurch die weiteren Punkte extrem rasch und effizient zu erarbeiten ermöglichte.

Das Team wurde an dieser Stelle angehalten, eine kurze Reflexion über das bisher Erarbeitete anzustellen. In der angeregten Diskussion wurden bis auf eine Ausnahme nur *good news* verbreitet. Der Unterschied zu ihren bisherigen Erfahrungen mit Projektarbeit und Teams war eklatant: Nie hatte es bisher einen Arbeitsauftrag gegeben, der mit einer derart klaren Zieldefinition versehen war. Keiner hatte sich bei seinen bisherigen Arbeiten Gedanken über Vorteile dieses Vorgehens gemacht. Die meisten fragten sich, warum sie das nicht schon früher so gemacht hätten, „es sei ja kein geheimes Wissen, nichts Esoterisches", wie ein Teammitglied meinte.

Das positive Erleben der klaren Strukturierung ermöglichte ihnen – für jeden und auch für mich als Coach deutlich spürbar – den besagten Motivationsschub.

Das einzige Problem war: „Wann geht's endlich weiter, wir sind begierig, diese Energie auszunutzen." Durch eine zu lange Reflexion läuft man Gefahr, diesen erreichten Schwung wieder zu verlieren.

Als Coach war es meine Aufgabe, zu erklären, dass zu rasches Vorgehen auch massive Nachteile haben kann (falscher Weg, falsche Tools, Übersehen der Zielerreichung etc.). Die Legitimation von Time-outs wurde danach widerspruchslos akzeptiert.

9.1.5 Innere Ressourcen

Jedem einzelnen Teammitglied wurde kurz Zeit gegeben, sich auf einer Karte seine persönlichen Stärken zu notieren. Danach wurden die Stärken des Teams reihum aufgelistet. Zu diesem Zeitpunkt bestand im Team keinerlei Scheu oder Hemmung, persönliche Beiträge einzubringen:

- Fachwissen durch Ausbildung
- ehrgeizig
- gute Zuhörer und Zuhörerinnen
- Begeisterungsfähigkeit
- Arbeitswillen
- Einsatzfreudigkeit
- Resümee ziehen.
- Technisches Know-how (PC)
- Konsequenz
- Empathie
- Wesentliches erkennen
- Info Research
- Verlässlichkeit

9.1 Organisationssimulationsseminar

- Projekterfahrung
- Offen für Neues
- etc

Die breite Streuung der persönlichen Stärken verwunderte die Teammitglieder. Sofort wurden – eher im Scherz – Rollen und Funktionen für die weitere Umsetzung des Arbeitsauftrages verteilt. Als Coach war es an dieser Stelle meine Aufgabe, zwar den Praxisbezug für die nachfolgende Arbeit zu betonen, aber dennoch vehement auf den Maßnahmenplan am Ende dieser Session zu verweisen. Als Argument wurden die noch folgenden Punkte angeführt, die zu einer detailreicheren Arbeitsaufteilung führen konnten – was dann auch genau so war.

9.1.6 Äußere Ressourcen

Neben den eigenen Stärken wurden im nächsten Schritt die exogenen Ressourcen angesprochen. Da die Mitglieder in einem absolut abgeschlossenen und eigenverantwortlichen Arbeitsfeld das Seminar zu bestreiten hatten, waren Personen von außen kein Thema. Die gelisteten Ressourcen beziehen sich daher nur auf Material und interne Möglichkeiten:

- Internetzugang
- PCs und Laptops
- FH-Zentralschlüssel
- Seminarraum
- Drucker und Kopierer
- Auto vorhanden
- Beamer und Flipchart

Generell fiel es den Teilnehmern und Teilnehmerinnen sehr leicht, Ressourcen zu orten und für den speziellen Arbeitsauftrag bzw. das Ziel einzugrenzen.

9.1.7 Bisherige positive Veränderungen

Hatte am Beginn des Reteamings noch die Unsicherheit gestanden, ob nicht die für die strukturellen Vorarbeiten verwendete Zeit, die andere Gruppen bereits als „Arbeitszeit" nutzten, abgehen würde, wurde genau an diesem Punkt klar, welchen Vorteil bzw. welche großartigen Erfolge das Team bisher erzielt hatte.

9 Erfahrungen mit Reteaming

Wichtige Informationen über die Teammitglieder waren vorab erteilt worden, was einen besseren Einstieg in die Arbeit ermöglichte.

Klar war auch, dass die weitaus bessere Strukturierung der Arbeit den anderen Gruppen (wahrscheinlich) abgehen würde.

Dank der Zieldefinition waren eine höhere Motivation und eine raschere Teambildung ermöglicht worden.

Die Spielregeln und eine gute Übersicht, obwohl noch kein Wort über den Inhalt der eigentlichen Arbeit verloren worden war, hatten sich „wie von selbst" ergeben.

Bemerkenswert war auch Schaffung einer vertrauten Atmosphäre, obwohl die Teammitglieder noch nie in dieser Zusammensetzung an einem gemeinsamen Projekt gearbeitet hatten.

9.1.8 Beitragen

Anhand des vom Coach vorbereiteten Charts wurde etwa zehn Minuten darüber diskutiert, welche Beiträge die einzelnen Teammitglieder hinsichtlich der Zielerreichung leisten können.

Aus den freien Statements war klar ersichtlich, dass die anfängliche Motivation auch jetzt ungebrochen war.

Die Teammitglieder waren begierig, sich in die „eigentliche Arbeit" im Sinne des Arbeitsauftrages zu stürzen.

Es wurde vereinbart, dass alle Beiträge notiert werden, unabhängig davon, ob sie der momentanen Arbeit förderlich waren oder nicht. Er könnte später wichtig werden.

Darüber hinaus wurden regelmäßige Rückmeldungen im Sinne der *good news* institutionalisiert.

9.1.9 Motto/Philosophie

In einem der ersten Schritte für die konkrete Arbeit wurde ein gemeinsames Motto gesucht.

Nach einer hitzigen, aber ausgesprochen konstruktiven Diskussion wurde nach dem „Ein-Text-Verfahren" ein Konsens gefunden, d. h., durch permanente Umformulierung des Textes seitens der Teilnehmer entstand ein verbindlicher und akzeptabler Text.

Das gemeinsame Motto, das ein wenig auch die Unzufriedenheit mit dem von der Studiengangsleitung festgelegten Termin für das Organisationssimulationsseminar beinhaltete – seit Jahren kämpfen wir als Trainer dafür, dass dieses Seminar im 6. und nicht im 8. Se-

9.1 Organisationssimulationsseminar

mester des Studienganges abgehalten wird, da genau zu dieser Zeit alle Studenten und Studentinnen dieses Jahrganges mitten in der Diplomarbeit stecken – lautete:
„Mach ma jetzt erst recht das Beste draus!"

9.1.10 Maßnahmenplan

Als letzter „Arbeitspunkt" wurde ein Maßnahmenplan begonnen. Begonnen deshalb, weil inhaltlich noch keine Themen festgelegt waren. Lediglich terminliche Fixpunkte, die sich aus dem Seminarablauf ergaben, wurden festgehalten.

Den Teammitgliedern wurde die Art und Weise dargelegt, wie mit diesem Instrument umzugehen ist.

Der Maßnahmenplan wurde kurz nach der inhaltlichen Festlegung vervollständigt.

Es zeigte sich, dass die Teammitglieder hinsichtlich der zeitlichen Struktur zu pessimistisch waren: Nach Fertigstellung der Arbeit (fertige Präsentation) war genügend Zeit, um sich zu entspannen und Details zu besprechen, die sonst keine Aufmerksamkeit gefunden hätten.

9.1.11 Feedback/Schwierigkeiten/Erfahrung

Als Coach dieser Arbeitsgruppe war eine der wesentlichen Erfahrungen, dass Reteaming ausgesprochen begeisternd auf die Teilnehmenden wirkt. Dennoch habe ich es als meinen Moderationsbeitrag gesehen, mich nicht zu sehr von dieser Begeisterung hinreißen zu lassen, da sich sonst der Arbeitsdruck massiv erhöht und ein zu rasches Vorgehen die Wirkungsweise der einzelnen Schritte zu wenig betont hätte.

Die anfänglichen Unsicherheiten und Zweifel hinsichtlich der Zielerreichung, wenn doch die für Reteaming aufgewandte Zeit für die eigentliche Arbeit „fehle", wurden innerhalb kürzester Zeit durch Begeisterung und Motivation ersetzt.

Natürlich war es auch für mich als Coach ein Experiment, einer Gruppe, die einen klaren Auftrag bekommen hat, der jedoch inhaltlich völlig offen ist, durch Reteaming vorab eine Struktur zu geben.

Aber sowohl das Endergebnis (Präsentation) wie auch die direkten Rückmeldungen von den einzelnen Teammitgliedern im weiteren Verlauf des Seminars und die Ergebnisse aus der Evaluation waren durchweg „Good News".

9 Erfahrungen mit Reteaming

Reteaming eignet sich ganz ausgezeichnet zur Erarbeitung von Strukturen, selbst dann, wenn inhaltlich keinerlei Vorgaben vorhanden sind. Alleine die Tatsache, dass am Ende des Prozesses klar ist, wie zusammengearbeitet werden soll, bringt hinsichtlich der Zielerreichung im Rahmen eines Arbeitsauftrages enorme Vorteile.

An dieser Stelle sollen daher die Ergebnisse der Evaluation – auch im Sinne eines Feedbacks – einfließen.

9.1.12 Evaluation des Reteamings im Rahmen des Organisationssimulationsseminars

Im Rahmen des Organisationssimulationsseminars wurde neun Gruppen ein Arbeitsauftrag gegeben. Dieser Arbeitsauftrag musste durch inhaltliche und organisatorische Teamarbeit umgesetzt werden.

Mit einer Gruppe (Nummer 9) wurde vorab, während die anderen bereits mit der inhaltlichen Arbeit begonnen hatten, ein Reteaming durchgeführt.

Die Gruppen hatten insgesamt elf Stunden bis zur fertigen Präsentation ihrer Arbeiten Zeit. Die Reteaming-Gruppe entsprechend weniger.

Etwa vier Stunden nach Abschluss des Reteamings wurde allen Teilnehmenden ein anonymer Fragebogen ausgehändigt (siehe unten), in dem sie subjektiv die Arbeit ihrer Gruppe bewerten sollten.

Folgende Bereiche wurden abgefragt:

- Ziele des Teams
- gegenseitiges Vertrauen
- Kommunikation
- Umgang mit Konflikten
- Gebrauch von Teamressourcen
- Unterstützung
- Diagnose von Gruppenproblemen
- Entscheidungen

Die Befragten hatten auf einer vierstufigen Ratingskala die Möglichkeit zu antworten.[2]

---

[2] Die Auswertung erfolgte mittels Statistical Package for the Social Sciences (SPSS for Windows, Version 10.07) nach den Kriterien Frequenzen und Signifikanzen (nonparametrische Tests).

9.1 Organisationssimulationsseminar

**Bewertungsbogen
für die Einschätzung der Gruppe und ihrer Arbeit**

1. Ziele des Teams					
nicht verstanden	0	1	2	3	verstanden

2. Gegenseitiges Vertrauen					
Misstrauen	0	1	2	3	Vertrauen

3. Kommunikation					
abwartend	0	1	2	3	offen

4. Umgang mit Konflikten					
Verleugnung, Unterdrückung, Vermeidung	0	1	2	3	Akzeptieren und Bearbeiten von Konflikten

5. Gebrauch der Teamressourcen					
Fähigkeiten wurden nicht genutzt	0	1	2	3	Fähigkeiten wurden genutzt

6. Unterstützung					
jeder für sich	0	1	2	3	miteinander

7. Diagnose von Gruppenproblemen					
vorzeitige Lösungsvorschläge	0	1	2	3	sorgfältige Diagnose, bevor gehandelt wurde

8. Entscheidungen					
Einzelentscheidungen, viele waren unbeteiligt	0	1	2	3	Gruppenentscheidung, von allen unterstützt

9.1.13 Ergebnisse

Die erhofften Ergebnisse stellten sich ein, waren aber selbst für mich als Coach verblüffend deutlich

Die Gruppe 9 erreichte gegenüber allen anderen Gruppen einen deutlichen Vorsprung, was die wahrnehmbare Prozesskompetenz der einzelnen Teammitglieder betraf.

Am deutlichsten war der Vorsprung in den Bereichen Ziele des Teams, Kommunikation, Teamressourcen, Entscheidungen und Gruppenprobleme. Alle diese Themenbereiche weisen der Gruppe 9 eine positive Signifikanz mit einer Irrtumswahrscheinlichkeit von unter 1 % zu.

Darüber hinaus gibt es signifikante Unterschiede zur Gesamtgruppe in den Bereichen Vertrauen und Unterstützung.

9 Erfahrungen mit Reteaming

Lediglich im Bereich Umgang mit Konflikten gibt es keine Unterschiede, die Ergebnisse liegen sogar etwas (aber nicht signifikant) unter dem Gruppenmittel.

Es wäre verwegen, zu schlussfolgern, dass durch das Reteaming der Bereich Konfliktbewältigung bzw. Umgang mit Konflikten nicht nachhaltig positiv beeinflusst werden kann. Es gab in den zum Teil ausgesprochen homogenen Gruppen oft nicht einmal den Ansatz von Konflikten.

Dank Reteaming wurde also ein wesentlicher, positiver und vor allem nachhaltiger Schritt zur Zielerreichung getan.

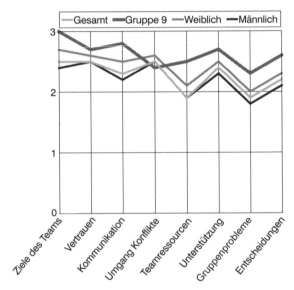

Abb. 1: Feedback-Ergebnisse

Darüber hinaus war die Reteaming-Gruppe, wie oben bereits angesprochen, hinsichtlich ihres Zeitmanagements zu pessimistisch: Obwohl ihr die Zeit für das Reteaming als reine Arbeitszeit fehlte, war sie etwa 1,5 Stunden früher als alle anderen Gruppen mit ihrer Präsentation fertig. Im Wesentlichen hat sich die Gruppe also 4,5 Stunden an reiner Arbeitszeit gespart.

9.2 Top – flop – top again: Eine Recherche

Unter Berücksichtigung aller organisatorischen Mängel vor Ort, der zeitlich sehr begrenzten Strukturen und des Stresses der Teilnehmer und Teilnehmerinnen kann im Falle dieses Reteamings von einem vollen Erfolg gesprochen werden, was auch mich als Coach – ich gebe es gerne zu – stolz macht.

Peter Wagner

9.2 TOP – FLOP – TOP AGAIN: EINE RECHERCHE[3]

Von 1995 bis 1998 war bei der Zürich Versicherungs AG die Gruppe *Klagenfurt Stadt und Land* österreichweit das beste Verkaufsteam. Doch 1999 ließ die Leistung ohne klar erkennbaren Grund nach, und im Jahr 2000 setzte sich der Abwärtstrend in der Teamleistung weiter fort. Die Methoden, mit denen man gemeinhin versucht, den Umsatz zu erhöhen – das Veranstalten interner Wettbewerbe und die Erhöhung des Drucks auf die Verkäufer etc. –, brachten keine Veränderung der Lage. Der Umschwung kam mit einem neuen Denkansatz.

Im Frühjahr 2000 besuchte der Leiter des Verkaufsteams, Dietmar Knapp, eine zweitägige Ausbildung in Reteaming. Seine ersten Erfahrungen: „Nachdem ich die Ausbildung gemacht hatte, habe ich mir gedacht, jetzt probier ich das einmal in der Praxis aus. Also habe ich alle Außendienstmitarbeiter für einen Tag zusammengeholt; den Innendienst habe ich zu dem Zeitpunkt aber noch bewusst ausgespart. Nun gibt es beim Reteaming ja mehrere Möglichkeiten anzufangen: Man kann z. B. damit starten, dass jeder sagt, was ihm nicht passt, diese Probleme dann auflisten und dann bei jedem Punkt fragen, wie es stattdessen sein soll. Man beginnt also mit den Problemen und verwandelt sie dann in Ziele."

9.2.1 Der Zielzustand

Knapp weiter: „Eine andere Möglichkeit – und der von mir damals gewählte Weg – ist der Einstieg über einen ‚Gute-Zukunft-Brief' im Sinn von. ‚Stellen Sie sich vor, heute ist ein Jahr nach unserem Treffen, und das Team ist genauso, wie Sie sich das damals gewünscht haben. Schreiben Sie mir einen Brief, wie das heute, ein Jahr später, aus-

---

[3] Zuerst erschienen in *Unternehmensentwicklung*, Ausgabe Juli/August/September 2001.

9 Erfahrungen mit Reteaming

schaut.' Ich habe zwar zuerst Bedenken gehabt, ob die Leute das auch machen, aber das ist gut angekommen." Am Ende der Übung las jeder seinen Brief in der Runde vor. Die Palette der positiven Veränderungen reichte von „Wir sind wieder so erfolgreich, wie wir früher waren" über „Wir liegen mit unserer Zielerreichung weit über den Minimalerfordernissen" bis hin zu „Wir unternehmen etwas gemeinsam" sowie einer Reihe privater Wünsche.

9.2.2 Die Auswahl eines Zieles

Im nächsten Schritt hatte jeder Teilnehmer die Aufgabe, aus dem Vorgelesenen zwei bis drei Ziele abzuleiten, die dann in der Runde gesammelt und gebündelt wurden. Aus diesen Zielen galt es dann, sich für ein einziges Ziel zu entscheiden. Eine hilfreiche Frage ist hier: Welches Ziel hat, wenn es erreicht wird, den positivsten Einfluss auf viele andere Ziele? Die Gruppe entschied sich für das Ziel „Verbesserung der eigenen Arbeitsorganisation und Zeiteinteilung". Damit endete dieser Tag, und die Gruppe vereinbarte ein weiteres Treffen eine Woche darauf.

9.2.3 Der erwartete Gewinn

Im wiederum nächsten Schritt ging es um die Frage: Welche Gewinne ergeben sich für wen, wenn wir das definierte Ziel erreichen? Also: „Was, glaubt ihr, werden die Vorteile davon sein, euer ausgewähltes Ziel zu erreichen – aus persönlicher Sicht, aus Sicht des Teams, der Organisation, der Kunden, eurer Familie?" Schließlich heißt ein Ziel zu setzen nicht notwendigerweise, dass jedem der Gewinn klar ist, den das Erreichen des Zieles bringen kann, und dementsprechend gering sind in solch einem Fall die Motivation und das Engagement. Positiv formuliert: Die Anziehungskraft eines Zieles ist direkt proportional zu den Vorteilen, die man erwarten kann.

Nach einem Brainstorming betreffend diese Vorteile – u. a. ein gutes Gefühl bei der Arbeit, zufriedene Kunden, mehr Geld, mehr Zeit, eine höhere Lebensqualität – war die Frage: Welche Wirkung wird es haben, wenn wir das Ziel erreichen? Die Antwort der Mitarbeiter: „Dann müssten wir in den zweiten fünf Monaten (bis Oktober) eigentlich doppelt so viel Geschäft machen wie in den ersten fünf Monaten." Als so genannten *cool name* für das Projekt fand die Gruppe: „Roter Oktober", und als sichtbares Icon fungierte ein roter

9.2 Top – flop – top again: Eine Recherche

Punkt, der fortan in allen mit dem Projekt in Zusammenhang stehenden Unterlagen und auf jedem Telefonhörer zu finden war.

9.2.4 Ressourcen aktivieren

Beim nächsten Programmpunkt ging es um die Frage: Wer braucht welche Unterstützung? Der Verkaufsleiter wurde hier von der Gruppe als Kontrollinstanz ebenso in die Pflicht genommen wie einige weithin bekannte Kollegen aus anderen Verkaufs- und Aufgabenbereichen, die als Rollenmodell für gutes Zeitmanagement und effiziente Routenplanungen fungierten.

Ein genauso wichtiger, wenn auch für die meisten Teilnehmer sehr ungewohnter Schritt war die „Inventur der Teamressourcen". Die Aufgabe bestand hier darin, jedem Mitglied der Gruppe mitzuteilen, was man persönlich an ihm besonders schätzt sowie wie und warum das für einen selbst hilfreich ist. (Welche besonderen Talente, Fähigkeiten und Qualitäten können Sie bei den Mitgliedern Ihres Teams finden, und inwiefern könnte das bei der Zielerreichung von Nutzen sein?)

In einem zweiten Schritt ging es darum, „äußere Ressourcen" (Kollegen, andere Abteilungen, Experten, außen Stehende) zu identifizieren, die sich beim Vorhaben als unschätzbare Hilfe erweisen könnten. Im dritten Schritt hatte das Team die Aufgabe, aus dem Vorrat an früheren Erfolgen, bei denen man es mit ähnlich gelagerten Herausforderungen zu tun hatte, zu schöpfen. (Es stärkt das Vertrauen in die eigenen Fähigkeiten, wenn man sich daran erinnert, bei früheren Gelegenheiten schon mit ähnlichen Situationen fertig geworden zu sein.)

9.2.5 Baby steps + Fortschritte

Schließlich ging es darum festzulegen, was welches Mitglied beitragen wird, damit das Ziel erreicht wird. Nicht große, ehrgeizige Ziele sind hier gefragt, sondern kleine, realistische Taten. Dementsprechend gilt es, drei Fragen zu beantworten: Was werde ich morgen tun, was in der ersten Woche, und was wird in einem Monat geschehen, das mir bestätigt, dass eine positive Entwicklung stattgefunden hat?

Selbst wenn die Fortschritte klein und unbedeutend erscheinen mögen, sie sind Zeichen dafür, dass die zuerst nur erhoffte Entwicklung bereits stattfindet. Daher ist es schlicht klug, hervorzuheben, was bereits geschehen ist,, und jedem, der in irgendeiner Form daran beteiligt war, Anerkennung und Dank auszusprechen. (Sich gegenseitig dabei zu erwischen, einen positiven Beitrag geleistet zu haben, ist nicht nur Ausdruck der gegenseitigen Wertschätzung, es bringt ein Lächeln ins Gesicht der Menschen, motiviert unheimlich und hat enorme Auswirkungen auf das Klima in der Abteilung.)

Die harten Fakten sprechen im Fall des Zürich-Versicherungs-Teams für sich. Lag das Team nach den ersten fünf Monaten im internen Ranking noch auf Platz 28, hatte es fünf Monate später die gesetzten Umsatzziele erreicht und sich bereits auf Platz 6 vorgeschoben. Es folgte ein gemeinsames Reteaming von Innendienst und Außendienst, ebenfalls mit deutlichen Verbesserungen in der Kommunikation und Zusammenarbeit. Derzeit ist es Ziel des Verkaufsteams, im Ranking wieder unter die Top 3 zu kommen, und schaut man genau hin, sieht man sie schon: die vielen kleinen und großen Fortschritte.

10 Zusammenfassung

Wilhelm Geisbauer

10.1 Ausklang

Mit dem vorliegenden Reteaming-Buch haben wir versucht, einen Überblick über Möglichkeiten lösungsorientierten Coachings zu geben. Wir möchten darauf hinweisen, dass es sich bei dieser Darstellung um unsere persönlichen Sichtweisen handelt, die in dankenswerter Weise von den Menschen unseres sozialen Umfeldes geprägt und angereichert wurden und zu 100 % unserem persönlichen beruflichen Erfahrungshintergrund entsprechen.

Deshalb möchten wir das vorliegende Werk als Anregung für lösungsorientiertes Arbeiten verstanden wissen.

Wir wollen aber mit diesem Buch das zunehmende Bewusstsein noch weiter fördern, dass ein Wandel in der Art und Weise, über Probleme zu denken, eine drastische Änderung in der Art und Weise hervorrufen kann, wie man sie zu lösen versucht. Den Zweck von lösungsorientierten Interventionen sehen wir darin, Menschen eine angenehme Lernerfahrung zu verschaffen, bei der Probleme in Ziele verwandelt werden, Optimismus gefördert, Zusammenarbeit erweitert und intensiviert, Kreativität angeregt und koordinierte Handlungen und ihre Umsetzung ermöglicht werden. Eine empirische Studie von Christian Sattlecker über die Wirkung von Reteaming finden Sie im Internet unter *www.reteaming.org*.

10.2 Zitate

„Was die Unternehmen in Zukunft unterscheiden wird, ist die Qualität ‚weicher' Faktoren wie Kommunikation, Zusammenarbeit, Kreativität, Solidarität, Vertrauen und Verantwortungsbewusstsein. Sie erscheinen bisher in keiner Bilanz, in keiner Gewinn- und Verlust-Rechnung. Sie können nicht mit Geräten direkt gemessen werden. Dennoch sind es die Faktoren, von denen die Wettbewerbsfähigkeit von Unternehmen in Zukunft bestimmt sein wird. Da die *soft facts* für den Erfolg immer wichtiger werden, wird sich der Unternehmer der Zukunft um die inneren Verhältnisse des Betriebes mindestens genauso intensiv kümmern müssen wie um Fachwissen, Kapitalbeschaffung, neue Technologien und neue Märkte."

Leo A. Nefiodow, Fraunhofer-Gesellschaft, Bonn, 2002

„In der autonomen Selbstregulation, d. h. in der bedürfnisgerechten und den Fähigkeiten entsprechenden Anregung der individuellen und sozialen Eigenaktivität, liegt ein großes Problemlösungspotenzial, auf das die moderne Zivilisation nicht verzichten kann."

Ronald Grossarth-Maticek, 2003

„Alles, was in Bezug auf eine Lösung ‚besser ist als erwartet' (Spitzer 2004, S. 134), äußert sich physiologisch in einer Dopaminausschüttung, die die Freude an der Lösung vermittelt."

Harry Merl, 2005

10.3 Dialog

Ich freue mich sehr über die Entwicklung der Reteaming-Coach Community, weil ich denke, dass der Reteaming-Coach der Aufgabe eines „Kulturkatalysators" für Organisationen gerecht werden kann, der ständig bestrebt ist, Menschen mit ihren unterschiedlichen, oft kontroversen Sichtweisen, Einschätzungen und Bewertungen in einen produktiven und konstruktiven Dialog zu bringen, „um sich die Zukunft geneigt zu machen", wie Arthur Köstler sagt.

Für weitere Fragen und Informationen zur Reteaming-Coach-Zertifizierung stehe ich Ihnen zur Verfügung:

Wilhelm Geisbauer, MSc
Reteaming int. Institute
Austria – Germany – Suisse
Promenade 9
A-4644 Scharnstein
Tel. 00 43-76 15-3 02 83
Fax 00 43-76 15-3 02 33
Mobil 00 43-6 64-2 43 52 30
E-Mail: reteaming@geisbauer.com
Web: www.reteaming.org und www.geisbauer.com

11 Anhang: Tools

Wilhelm Geisbauer

> *„Mein Interesse gilt der Zukunft,
> weil ich den Rest meines Lebens darin verbringen werde."*
> Charles F. Kettering

Hier sollen Möglichkeiten aufgezeigt werden, wie man entsprechende OE-Tools in einen Reteaming-Prozess integrieren kann. Ganz besonders wichtig erscheint, dass die hier angebotenen Designs nicht 1 : 1 übernommen werden, sondern immer dem Ziel und der aktuellen Situation des Klientensystems entsprechend angepasst bzw. modifiziert werden.
Die Tools sind entsprechend dem Organisationsdreieck in Abb. 1 zusammengestellt.

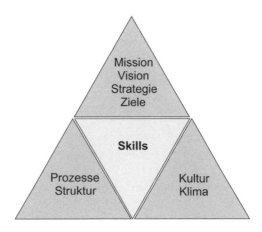

Abb. 1: Das OE-Dreieck

11.1 STRATEGIE

Die folgenden Tools sind dem Strategiedreieck (vgl. Abb. 1, S. 150) zugeordnet.

11.1.1 System-Umfeld-Assessment (der Erwartungen und Beziehungen)

Ziele:
- Die Vernetzung einer Organisation/eines Individuums im relevanten Umfeld sichtbar machen.
- Lösungspotenziale in Konfliktsituationen erkennen.
- Beziehungen gestalten und entwickeln können.

Schritte:
1. Was ist die Frage genau? – Formulierung des Zieles.
2. Bildhafte Darstellung des Netzwerks:
   Wer sind die Systempartner?
   Welche Beziehung ist für die Bearbeitung der Frage jetzt relevant, welche kann vernachlässigt werden?

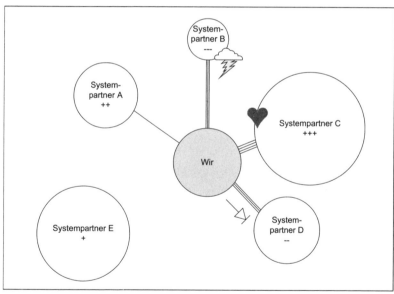

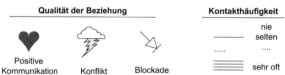

Abb. 2: Die Systempartner

11 Anhang: Tools

Kriterien für die Anordnung:
- Kontakthäufigkeit (Anzahl der Verbindungslinien) und Bewertung, ob konfliktreiche Kommunikation, Blockaden in der Kommunikation, oder positive Kommunikation.
- Wichtigkeit: Wie weit sind die Erwartungen der jeweiligen Systempartner, ihre Einflussmöglichkeiten sowohl beim Eröffnen als auch beim Begrenzen von Optionen wichtig für die Entwicklung des Systems? Die Wichtigkeit wird in der Grafik durch die Größe des symbolisierenden Kreises dargestellt.
- Emotionale Bedeutung: Welchen gefühlsmäßigen Bezug haben wichtige Funktionsträger des Systems zum jeweiligen Systempartner: Als wie „nahe" oder „distanziert" erlebt man sich, und welche „Tönung" hat die Beziehung, z. B.: „Ein schrecklicher Kunde" oder „Wären nur alle so".

Dies wird in der Grafik durch „Nähe" = hohe emotionale Bedeutung und „Distanz" = geringe emotionale Bedeutung dargestellt. Die „Tönung" der Beziehung wird mit markanten Aussagen charakterisiert.

3. Erwartungseinschätzung: Welche Erwartungen haben die Systempartner an uns und wir an sie?
4. Wer sind die Key Players in dieser Frage?
5. Zeitsprung (Wunderfrage; vgl. Abschnitt 11.1.2).
6. Maßnahmen ableiten.

(Vgl. Schober et al. 1995; Janes 2000, mündl. Mitteilung.)

11.1.2 Visionsentwicklung – Szenariotechnik

Ziele:
- Konstruktion von Annahmen für mittel- bis langfristige Entwicklungen.
- Vorbereitung auf Zukunftsentwicklungen und Ableiten entsprechender Handlungsoptionen.

Vorüberlegung:
Ein Szenario lohnt sich immer dann, wenn gegenwärtige Handlungen mittelfristige (d. h. Zeithorizont über ein Jahr) Auswirkungen haben oder haben sollen.

Szenarienhaftes Denken bedeutet den Versuch, sich der Unberechenbarkeit der Zukunft zu stellen, Unsicherheit zu bewältigen, Trends und Entwicklungen zu erkennen und sich mit Annahmen zur aktiven Zukunftsgestaltung auseinander zu setzen.

Schritte:
1. Wunderfrage:
   Stellen Sie sich vor, es ist heute der ... (konkretes Datum), Ihre Firma/Organisation ist angemessen (höchst; ...) erfolgreich

11.1 Strategie

... an der internen Situation ist gleich geblieben.
... an der internen Situation hat sich geändert.
... in unserem relevanten Umfeld ist gleichgeblieben.
... in unserem relevanten Umfeld hat sich geändert.
2. Die Teilnehmer schreiben ihre Einschätzungen auf Moderationskarten, Zeit: eine Stunde.
3. Sammeln und Clustern der Karten nach obigen vier Feldern (Fragen): intern gleich, intern anders, extern gleich, extern anders.
4. Widersprüche in den Einschätzungen, wenn vorhanden, durch rote Klebepunkte sichtbar machen.
5. Eventuell Mindmap anfertigen lassen: Best-Case-Szenario intern/extern.
6. Negativdenken: Worst-Case-Szenario.
7. To-do-Liste: „Was müssen wir tun, damit die gewünschte Entwicklung unter Berücksichtigung der internen und externen Einflussfaktoren stattfindet?"
8. Grobe „Kosten-Nutzen-Rechnung" anstellen.
9. Maßnahmenplanung.
10. Was könnte wer tun/unterlassen, um die Umsetzung der geplanten Maßnahmen zu verhindern?
(Vgl. Schober et al. 1995.)

11.1.3 Mission Statement Destiny
Ziele:
- Formulierung von Leitsätzen zur Identität der Organisation.
- Festlegung eines Rahmens für mittel- und langfristige Entwicklungen.
- Ableiten von Werten und Handlungsmaximen für die Zukunft.

Vorüberlegungen:
Identität ist das Ergebnis und permanenter Prozess der Auseinandersetzung eines Systems mit seinen Umfeldern zur Frage: „Welche Funktion üben wir für andere aus, und in welcher Weise?"
Die Antwort ist immer eine Entscheidung des Systems selbst und zugleich Ergebnis der Auseinandersetzung mit den Erwartungen der Außenwelten. So gesehen, ist die Identität die umfassendste Botschaft: „Unsere Antworten auf eure – von uns wahrgenommenen – Fragen."
Daher bewegt sich die Identität immer im Widerspruchsfeld „Verändern – Bewahren" und „offen sein – sich abgrenzen".

Schritte:
Fragen zur Identität (Auswahl):
1. Worin besteht unsere Kernkompetenz (kollektives Wissen und Können, das nicht einfach imitiert werden kann)?

11 Anhang: Tools

2. Welche Geschäftsfelder lassen sich abgrenzen?
3. Auf welche Probleme und Bedürfnisse welcher konkreten Kunden, auf welchen Märkten soll das Geschäftsfeld mit seinen Produkten und/oder Dienstleistungen Antwort geben?
4. Welchen Standards sollen die erbrachten Leistungen genügen?
5. Worin soll uns der Kunde am deutlichsten vom Mitbewerber unterscheiden können? Wie soll der Kunde uns wahrnehmen, und wie wollen wir dies sichtbar machen?
6. Welche Bedeutung haben Wachstum und Entwicklung des Geschäftsfeldes?
7. Welche Abhängigkeiten will/muss die Organisationseinheit eingehen, worin drückt sich ihr Freiheitsgrad aus (sowohl im Innen- wie auch im Außenverhältnis)?
8. Wie stehen wir zu strategischen Allianzen, Kooperationen, Lizenzen?
9. Wodurch ist unsere Organisationsstruktur gekennzeichnet, was muss gesichert und standardisiert sein, was halten wir flexibel, wonach richten wir unsere Struktur aus?
10. Wie hoch ist der Risikograd unserer Geschäftstätigkeit?
11. Welche Bedeutung haben Humanressourcen in unserem Geschäftsfeld, in welchem Maß werden Mitarbeiter und Mitarbeiterinnen in Entscheidungsprozesse einbezogen, welchen Stand hat Personalentwicklung bei uns?

(Vgl. Schober et al. 1995.)

Formulierung eines Mission-Statements – ein schneller Weg!
Die Punkte 1–3 sind als Brainstorming gedacht.
1. Sammeln Sie Zeitwörter für Aktivitäten Ihrer Mission – finden Sie das wichtigste Verb (oder die drei wichtigsten Verben) heraus!
2. Sammeln Sie Hauptwörter, die zu Ihrer Mission gehören – finden Sie das wichtigste Substantiv (oder die drei wichtigsten Substantive) heraus!
3. Sammeln Sie Eigenschaftswörter, die zu Ihrem Mission Statement gehören – finden Sie das wichtigste Adjektiv (oder die drei wichtigsten Adjektive) heraus!
4. Erster Formulierungsversuch aus den gefunden Begriffen:
Z. B. „Als [Name der Organisation(seinheit)] [Verb(en)] [Adjektiv(e)] [Substantiv(e)]."
Praxisbeispiel:
„Als XY-Kompetenzzentrum koordinieren wir XY-Aktivitäten in Deutschland, forcieren wir marktgerechte Strukturen, unterstützen wir Partnerorganisationen und -betriebe, damit sie marktorientiert agieren und sich positiv entwickeln können."
5. Überlegung, was das für jede einzelne Funktion in der Organisation bedeutet (z. B. „Was heißt das für mich?").

6. Gemeinsame Abstimmung dieser Überlegungen.
7. Welche verbindlichen Werte (core values) ergeben sich daraus?
8. Handlungsbedarf erörtern und Schritte vereinbaren (Aktionsplan).
9. Informationspolitik klären.

11.1.4 Organisationsziele – Unternehmensziele
Ziele:
- Strukturfindung für längerfristige Ziele (z. B. Jahresziele).
- Formulierung von Zielsätzen.
- Evaluierung der Zielerreichung.

Schritte:
1. Woran würden Sie nützliche Ziele des Unternehmens/der Organisation erkennen?
2. Angenommen, Sie haben optimal wirksame Ziele entwickelt, auf welche Bereiche der Organisation und auf welchen Zeithorizont beziehen sie sich?
3. Formulierung von Aussagen zu den ausgewählten Bereichen.
4. Erstellung eines Businessplans (eines kurz gefassten Kompendiums der Ziele; siehe unten, Exkurs).
5. Informationspolitik überlegen (i. S. v. „Wie informieren wir Eigentümer, Mitarbeiter, Kunden, Kooperationspartner ...?").
6. Erarbeiten von Spielregeln für Erfolgscontrolling.

Exkurs
Häufig findet man in Businessplänen folgende Punkte:
- Mission-Statement.
- Umsatzziele (mindest/höchst/wahrscheinlich).
- Produkte/Dienstleistungen.
- Märkte/Marktstellung.
- Mitbewerber.
- Marketing (Umsetzung am Markt).
- Finanzierung.
- Personalpolitik.
- Führung und Organisation.
- Innovation.
- Kooperationen
- Risiko- und Gewinnpolitik.
- Investitionspolitik.
- ...

11 Anhang: Tools

11.2 STRUKTUR

Die folgenden Tools sind dem Struktur- und Prozessdreieck (vgl. Abb. 1, S. 150) zugeordnet.

11.2.1 Prozess-Design – Prozess-Redesign

Ziele:
– Sichtbarmachen der Prozessschritte (bzw. des Arbeitsablaufes) in der Ist-Situation am konkreten Beispiel relevanter Geschäftsfälle. Optimierung der Prozesse für die Zukunft (optimale Soll-Situation).
– Generelle Neugestaltung von Abläufen (Prozessen).
– Erstellung von Pflichtenheften für IT-Applikationen.
– Klärung von Rollen im Team.

Schritte:
1. Listung der relevanten Geschäftsfälle.
2. Ziel formulieren: „Was soll erreicht werden?"
3. Commitment bezüglich der zu bearbeitenden Geschäftsfälle.
4. Entscheidung, ob Bearbeitung in Gruppenarbeit oder Plenum.
5. Erfassen aller für den Geschäftsfall wichtigen Aktivitäten, Rollen, Entscheidungen, Ressourcen, und / oder eventuell sonstigen wichtigen Kriterien auf Moderationskarten und Darstellung auf Pinnwand (mit ablösbarem Sprühkleber) nach folgendem Raster (Ist-Zustand):

Prozess:			IST
Aktivität	Rolle	Entscheidung	Ressource

Abb. 3: BKGM-IST

6. Präsentation.
7. Modellieren des Soll-Zustandes:

11.2 Struktur

Prozess:			SOLL	
Aktivität	Rolle	Entscheidung	Ressource	

Abb. 4: BKGM-SOLL

8. Vereinbarungen.
9. Weitere Schritte festlegen (z. B. auch Feedbackschleife zur Nachjustierung) Aktionsplan.
(Vgl. Gappmaier u. Ruzicka 1999; Mittelmann 2000, mündl. Mitteilung.)

11.2.2 Organisations-Design – Organigramm-Entwicklung
Ziele:
- Die Vernetzung eines Individuums mit relevanten Elementen einer Organisation sichtbar machen.
- Lösungspotenziale in Konfliktsituationen erkennen.
- Spielregeln und Vereinbarungen entwickeln.
- Beziehungen gestalten und entwickeln können.
- Entwicklung eines funktionalen Organigramms.

Schritte:
wie in Abschnitt 11.1.1 (System-Umfeld-Assessment) beschrieben, nur dass der Fokus hierbei innerhalb der Systemgrenzen liegt, die „Sytempartner" sind hier die „Elemente des Systems".
Darstellung des Organigramms und Dokumentation der vereinbarten Spielregeln.

11.2.3 Projektmanagement
Ziel:
Hierarchieunabhängige Bearbeitung aktueller Themen

11 Anhang: Tools

Schritte:
1. Gegenstand des Projektes klären.
2. Projektziele definieren/vereinbaren.
3. Wunderfrage: „Angenommen, das Projekt wird ein Erfolg ..."
4. Kriterien des Projekterfolgs listen.
5. Gewinne für die Beteiligten im Falle des Erfolgs.
6. Rollen klären: Auftraggeber/Auftragnehmer/Projektleiter/Projektmitarbeiter (wichtigste Kompetenzen/Ressourcen).
7. Projektmeilensteine festlegen (z. B. Zwischenpräsentationen an Entscheidungskreis).
8. Informationspolitik klären.
9. Form der Entscheidungsfindung vereinbaren.
10. Terminstruktur.
11. Unterschriften Auftraggeber/Auftragnehmer.

(Vgl. CONECTA 1996b.)

11.2.4 Organisationsaufstellungen nach Harry Merl

Ziele:
– Externalisieren der „intrapersonalen Bilder", die sich Betroffene von den Kommunikations- und Interaktionsmustern in ihren sozialen Systemen machen.
– Entwicklung von Lösungsansätzen.

Schritte:
1. Die betroffene Person formuliert eine möglichst genaue Frage (z. B.: „Wie soll ich mich in Zukunft in dieser Situation verhalten?").
2. Sie stellt für die am Konflikt beteiligten Personen Stellvertreter oder, wenn nicht vorhanden, Stühle im Raum auf – mit der Maßgabe, sie so in Beziehung zu bringen, wie es ihrem inneren Erleben der aktuellen Situation entspricht.
3. Von jeder Position wird zu drei Fragen Feedback gegeben:
    a) Wie geht es mir hier – mit mir?
    b) Wie geht es mir mit den anderen?
    c) Wo wäre ich lieber? (Veränderungsimpuls)
4. Die betroffene Person hört nur zu und überprüft die Rückmeldungen und übernimmt sie je nach Nützlichkeit hinsichtlich der Problemlösung.
5. Daraus entstehen eine oder mehrere Hypothesen, die zu Interventionen führen, wie man z. B. dysfunktionale Muster unterbrechen/aufgeben kann, sodass die Ökologie für die beteiligten Personen wieder stimmt.
6. Jetzt ergeben sich konkrete zukünftige Schritte (Handlungen oder auch Unterlassungen) für die operationale Ebene, die zur Lösung dieses Problems beitragen.

11.3 Kultur

Hinweise: Für das Gelingen dieses Prozesses ist es von großer Bedeutung, dass die Initiative zur Lösungsentwicklung bei der betroffenen Person bleibt („Niemand kann es besser wissen als Sie!") und dass der Coach mit wertschätzender Haltung (positivem Feedback) und Neutralität unterstützend wirkt. Die Organisationsaufstellung kann am besten mit stellvertretenden, d. h. in den Konflikt nicht involvierten Personen (oder eben mit Stühlen o. Ä.) durchgeführt werden.

11.2.5 Feedback-Meeting – Review-Meeting
Ziel:
Nachjustierung/Verbesserung in und nach Veränderungsprozessen.
Schritte:
1. „Was hat sich gut eingespielt/bewährt?"
2. „Was hat sich nicht gut eingespielt?"
3. „Welche Themen/Ziele ergeben sich daher zur Bearbeitung?"
4. Vertiefende Bearbeitung der Themen/Ziele eventuell in Teilgruppen.
5. Ableitung eines Aktionsplans: „Was ist daher zu tun?"

11.3 Kultur

Die folgenden Tools sind dem Kulturdreieck (vgl. Abb. 1, S. 150) zugeordnet:

11.3.1 Diplomacy – konstruktiver Umgang mit Kritik
Ziele:
- Bewusstmachen der Konfliktdynamik.
- Rollensensibilität zur Konfliktlösung.

Vorüberlegung:
Feedback ist entweder positiv oder kritisierend.
Kritisierendes Feedback wird entweder als gerechtfertigt oder ungerechtfertigt erlebt.

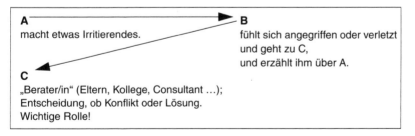

A
macht etwas Irritierendes.

B
fühlt sich angegriffen oder verletzt und geht zu C,
und erzählt ihm über A.

C
„Berater/in" (Eltern, Kollege, Consultant ...);
Entscheidung, ob Konflikt oder Lösung.
Wichtige Rolle!

Schritte:
1. In Dreiergruppen (eine Person ist A, eine weitere B und die dritte C).
2. A sagt etwas, das B als „irritierend" (kränkend) erlebt.

11 Anhang: Tools

3. B wendet sich an C und beschwert sich über A (C bekam vorher nachstehende Verhaltensinstruktion:
   - „Du bist viel zu sensibel, hörst das Gras wachsen, verträgst keine Kritik."
   - „Du verstehst keinen Spaß, bist humorlos."
   - Erkläre B die Welt („Objektiv gesehen …").
   - „Warum hast du es nicht so … und so … gemacht?"
4. Reflexionsrunde: „Wie geht es A, B, C ?"
5. Neue Verhaltensanleitung für C:
   - „Erzähl mal!"
   - „Gut, dass du darüber redest!"
   - Das Gefühl von B verstehen und bekräftigen („Da wäre ich auch zornig!").
   - Wenn's passt, kannst du A ein wenig verteidigen („Das war saublöd von A, aber im Grunde kenne ich ihn als …").
   - Versuche, B dazu zu bringen, mit A zu reden.
   - B fragt: „Was soll ich sagen?"
   - Nimm deinen Teil Verantwortung: „Du bist für Konfliktlösung mitverantwortlich!"
   - „Versuch zu verstehen, was A dazu bewegt hat (gute Absicht)."
   - Erzeuge ein wenig Chaos (entdramatisieren, spielerisches Element).
   - Versuche, (konkrete) Vereinbarungen für die Zukunft zu treffen.
   - Mach's mit ein wenig Humor.
   - Ritual der Versöhnung (Kaffee, Glas Wein, „Friedenspfeife" …).
6. Einige Feedbackregeln:
   - Es ist leichter, etwas Neues zu beginnen, als etwas Altes zu stoppen.
   - Es ist leichter, Vorschläge anzunehmen, als Kritik.
   - Auch Vorschläge können verletzen, es ist leichter, Wünsche zu akzeptieren.
   - Auswege suchen.
   - Konkret klären, was zu tun ist.
   - Höflich sein: „Ich möchte mit dir gerne über … reden. Aber ich weiß nicht, ob es für dich jetzt passt."
   - Die Gewinne der Veränderung bewusst machen.
7. Reflexion:
   - Wie geht es A, B, C jetzt?
   - Was war für B von C hilfreich?
   - Was war für A von B hilfreich und umgekehrt?
8. Zusammenfassung
   - Gut zuhören, auf Gesprächspartner einstellen.
   - Danken.
   - Versuchen zu verstehen (nachfragen).
   - Co-Verantwortung übernehmen.
   - Konkrete gemeinsame Schritte planen.

11.3 Kultur

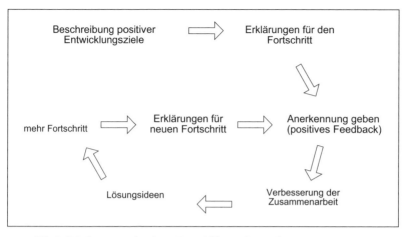

Abb. 5: Die lösungsorientierte Entwicklungsdynamik

11.3.2 Konfliktlösung – Mediation
Ziele:
- Sichtweisen, Interessen, Erwartungen und Ziele der Konfliktparteien klären.
- Einigung der Konfliktparteien auf ein gemeinsames Ziel und auf weitere Handlungsschritte.
- Überlegungen zur Vermeidung eines solchen oder ähnlichen Konfliktes in Zukunft.

Schritte:
1. Commitment bezüglich der Bereitschaft der Konfliktbeteiligten, an der konstruktiven Bearbeitung mitzuwirken.
2. Commitment bezüglich Gesprächsregeln (z. B. ausreden lassen, keine Beleidigungen ...).
3. Commitment bezüglich der Person des Beraters/der Beraterin.
4. Eingangsstatements der Beteiligten (Ausgangslage, Interessen, Erwartungen aneinander).
5. Kriterien einer Lösung erarbeiten.
6. Auf gemeinsame Kriterien einigen.
7. Gewinne einer gemeinsamen Lösung identifizieren.
8. Entwicklung von Lösungsoptionen.
9. Bewertung der Lösungsmöglichkeiten.
10. Erste Einigung auf Lösungsvorschläge, die am meisten zusagen.
11. Erste Schritte der Umsetzung.
12. Dokumentation der Ergebnisse.

(Vgl. Besemer 1997.)

Literatur

Ahlemeyer, H. W. (2000): Managing Organized Knowledge: A Systemic View. Journal of Sociocybernetics 1 (2): 1–11.
Ahlemeyer, H. W. u. R. Königswieser (Hrsg.) (1998): Komplexität managen. Strategien, Konzepte und Fallbeispiele Frankfurt a. M. (Frankfurter Allgemeine).
Ahlemeyer, H. W. u. H. Schöppl (2002): Ein Coaching für den Vorstand. Harvard Manager 4: 3–10.
Ahlers, C. u. H. Merl (1998): Selbstkonzepte in der systemischen Familientherapie. In: A Brandl-Nebehay, B. Rauscher-Gföhler u. J. Kleibel-Arbeithuber (Hrsg.): Systemische Familientherapie. Wien (Facultas), S. 135–143.
Andersen, T. (Hrsg.) (1996): Das Reflektierende Team, Dialoge und Dialoge über die Dialoge. Dortmund (Verlag modernes lernen).
Antonovsky, A. (1997): Salutogenese. Zur Entmystifizierung von Gesundheit. Tübingen (dgtv).
Argyris, C. (1993): Eingeübte Inkompetenz – Ein Führungsdilemma. In: G. Fatzer, (Hrsg.): Organisationsentwicklung für die Zukunft. Ein Handbuch. Köln (Edition Humanistische Psychologie), S. 129–144.
Argyris, C. (1997): Learning and teaching: A theory of action perspective. Journal of Management Education 21 (1): 9–27.
Atkins, H., K. Kellner a. L. Linklater (1999): Action Learning – Employing the Workplace within. (ISPSO Papers.) Verfügbar unter: http://www.sba.oakland.edu/ispso/html/atkins.html [9.10.1999].
Axelrod, R. (1988): Die Evolution der Kooperation. Müchen (Econ).
Axelrod, R. (2002): Verändern wir die Veränderungsprozesse. Selbstverantwortetes Management in selbstverantwortlichen Unternehmen. Lernende Organisation 1: 5–12.
Baecker, D. (1993a): Die Form des Unternehmens. Frankfurt a. M. (Suhrkamp).
Baecker, D. (Hrsg.) (1993b): Probleme der Form. Frankfurt a. M. (Suhrkamp).
Baecker, D. (1994): Postheroisches Management: Ein Vademecum. Berlin (Merve).
Baecker, D. (1998a): Einfache Komplexität. In: H. W. Ahlemeyer u. R. Königswieser (Hrsg.): Komplexität managen. Strategien, Konzepte und Fallbeispiele. Frankfurt a. M. (Frankfurter Allgemeine), S. 17–50.

Literatur

Baecker, D. (1998b): Poker im Osten. Probleme der Transformationsgesellschaft. Berlin (Merve).

Baecker, D. (2000): Organisation als System. Frankfurt a. M. (Suhrkamp).

Baillon, S., G. Hochreiter u. A. Mittelmann (2003): Das Fallhaus. (Unveröffentlichte Seminarunterlage, Entwicklungsprogramm „Voneinander lernen" der Voestalpine Stahl GmbH).

Bertolino B. a. B. O'Hanlon (2002): Collaborative, Competency-Based Counseling, and Therapy. Boston (Allyn and Bacon).

Besemer, C. (1997): Mediation – Vermittlung in Konflikten. Baden (Stiftung für gewaltfreies Leben/Werkstatt für gewaltfreie Aktion).

Boszormenyi-Nagy, I. u. G. M. Spark (1993): Unsichtbare Bindungen, Die Dynamik familiärer Systeme. Stuttgart (Klett-Kotta).

brand eins (2002): Schwerpunkt: Kooperation. Ausgabe 1/2002, (http://www.brandeins.de/home/inhalte.asp?menuID=130&MagID=19&sid=su646882441416751).

Brandl-Nebehay, A., B. Rauscher-Gföhler u. J. Kleibel-Arbeithuber (Hrsg.) (1998): Systemische Familientherapie. Grundlagen, Methoden und aktuelle Trends. Wien (Signum)

Brooks, R. (1997): BPR-L 1997. Stanford (Stanford University).

C/O/N/E/C/T/A (Hrsg.) (1996): 20 Jahre Wiener Schule der Organisationsberatung. Wien (Eigenverlag).

C/O/N/E/C/T/A (1996): Führen durch Fragen. Salzburg (Seminar).

Crozier, M. u. E. Friedberg (1979): Macht und Organisation. Die Zwänge kollektiven Handelns. Berlin (Athenäum).

Enderby, J. E. a. D. R. Phelan (1994): Action Learning as the Foundation of Cultural Change. *The Quality Magazine* February.

Forschungsstelle PHS (2001): Eigenständig Lernende Schülerinnen und Schüler. Verfügbar unter:http://www.phs.unisg.ch/forschung/projekte/projekt_eigenstaendig.html [9.9.2001].

Förster, H. von (1993): KybernEthik. Berlin (Merve).

Furman, B. (1999): Es ist nie zu spät, eine glückliche Kindheit zu haben. Dortmund (Borgmann).

Furman, B. u. T. Ahola (1995): Die Zukunft ist das Land, das niemandem gehört. Probleme lösen im Gespräch. Stuttgart (Klett-Cotta).

Furman, B. u. T. Ahola (1996): Die Kunst, Nackten in die Tasche zu greifen. Systemische Therapie: Vom Problem zur Lösung. Dortmund (Borgmann).

Furman, B. u. T. Ahola (1997): Report für Coaches. Verfügbar unter: http://www.reteaming.org.

Furman, B. a. T. Ahola ((2004): Twin Star – Lösungen vom anderen Stern. Zufriedenheit am Arbeitsplatz als Zwilling des Erfolgs. Heidelberg (Carl-Auer).

Gappmaier, M. (2001a): Communication – A Key-Factor in Systemic Business Process Management. BYU Provo, USA. 1. Weltkongress für systemisches Management, Wien, 1.–6. Mai 2001.

Geisbauer, W. (2005): Methoden lösungsorientierter Beratung unter dem Aspekt von Gesundheitsförderung und -erhaltung für Menschen in Wirtschaftsorganisationen. Masterthese an der Donau-Universität Krems.

Literatur

Grossarth-Maticek, R. (2003): Selbstregulation, Autonomie und Gesundheit. Krankheitsfaktoren und soziale Gesundheitsressourcen im sozio-psychobiologischen System. Berlin/New York (de Gruyter).

Grossarth-Maticek, R. (2005): http://www.grossarth-maticek.de [5. 8. 2006].

Gappmaier M. (2001b): Methods which Supported Effective Communication. Provo. [zu beziehen über markus@gappbridging.com]

Gappmaier, M. u. M. Ruzicka (1999): Partizipatives Gestalten von Geschäftsprozessen mit der Bildkartengestaltungsmethode (BKM). Linz (Institut für Wirtschaftsinformatik, Johannes-Kepler-Universität).

Günther, G. (2002): Das Bewusstsein der Maschinen. Baden-Baden (Agis).

Hernsteiner (2000): Beeinflussbarkeit von Unternehmenskultur. Hernsteiner 13 (3).

Hernsteiner (2001): Macht und Ohnmacht in Organisationen. Hernsteiner 14 (2).

Hill, L. (2000): Führung als kollektives Genie. In: S. Chowdhury (Hrsg.): Management 21 C. Führung, globales Business und Organisation im 21. Jahrhundert. München (Financial Times Prentice Hall).

Hochreiter, G. (2004): Choreographien von Veränderungsprozessen. Die Gestaltung von komplexen Organisationsentwicklungen. Heidelberg (Carl-Auer).

Hochreiter, G. u. J. Schmücking (2001): Team me up, Scotty! Reteaming in einer Organisation der TIME-Industrie mit geringen Zeitressourcen. In: W. Geisbauer u. H. Merl (Hrsg.): Reteaming Coache's Guide. Scharnstein (Reteaming Institut).

Hochreiter, G. u. H. Schöppl (2002): Kooperation und Wettbewerb in Beraternetzwerken mit Open Space. In: S. Weber (Hrsg.): Vernetzungsprozesse gestalten. Erfahrungen aus der Beraterpraxis mit Großgruppen und Organisationen. Wiesbaden (Gabler).

Holmberg, I. u. J. Ridderstrale (2001): Aufsehen erregende Führung. In: S. Chowdhury (Hrsg.): Management 21 C. Führung, globales Business und Organisation im 21. Jahrhundert. München (Financial Times Prentice Hall).

Hubble, M. A., B. L. Duncan u. S. D. Miller (2001): So wirkt Psychotherapie. Dortmund (Modernes Lernen).

Janes, A., K. Prammer u. M. Schulte-Derne (2001): Transformationsmanagement. Organisationen von Innen verändern. Wien/New York (Springer).

Kao, J. (1996): Jamming. The Art and Discipline of Business Creativity. London (Harper Collins).

Katzenbach, J. R. u. D. K. Smith (1993): Teams. Der Schlüssel zur Hochleistungsorganisation. Wien (Uebereuter).

Katzenbach, J. (1998): Teams an der Spitze. Der Chef als Chef und Teammitglied. Frankfurt a. M. (Uebereuter).

Käufer, K. u. C. O. Scharmer (2000): Universität als Schauplatz für den unternehmerischen Menschen. In: S. Laske et al. (Hrsg.): Universität im 21. Jahrhundert. Zur Interdependenz von Begriff und Organisation der Wissenschaft. München (Hampp), S. 109–134.

Kim Berg, I. a. Y. Dolan (2001): Tales of Solutions. A collection of hope-inspiring Stories. New York/London (W. W. Norton).

Kirckhoff, M. (1993): Mind Mapping: Die Synthese von sprachlichem und bildhaftem Denken. Offenbach (Gabal).

Kleiner, A. u. G. Roth (1998): Story Telling zur Konstruktion von Erfahrungsgeschichten: Wie sich Erfahrungen in der Firma besser nutzen lassen. *Harvard Business Manager* 5: 9–15.

Königswieser, R. u. A. Exner (1999): Systemische Interventionen, Architekturen und Designs für Veränderungsmanager. Stuttgart (Klett-Cotta).

Kuhlen, R. (2000): Wissensmanagement über Kommunikationsforen. Verfügbar unter: http://www.ib.hu-berlin.de/~kuhlen/Vortraege00-Web/karlsruhe_foren0700.pdf [6.7.2000].

Kuhlen, R u. S. Werner (2000): Elektronische Kommunikationsforen als Instrument des Wissensmanagements in Medienunternehmen. In: Wittenzellner (Hrsg.): Internationalisierung der Medienindustrie. Entwicklung, Erfolgsfaktoren und Handlungsempfehlungen. Stuttgart (LOG_X Verlag), S. 171–203.

Kukat, F. (2000): Wissen teilen und bewahren: Die Wissensnetzwerke der Siemens AG. In: Spezialreport Wissensmanagement. Düsseldorf (Symposion Publishing), S. 79–80.

Luhmann, N. (1984): Soziale Systeme. Frankfurt a. M. (Suhrkamp).

Luhmann, N. (1997): Die Gesellschaft der Gesellschaft. In: N. Luhmann: Theorie der Gesellschaft. Frankfurt a. M. (Suhrkamp).

Luhmann, N. (2000): Organisation und Entscheidung. Opladen (Westdeutscher Verlag).

Marsalis, W. u. F. Stewart (1995): Sweet Swing Blues. Hamburg (Hoffmann & Campe).

Maslach, C. a. M. P. Leiter (1997): The Truth About Burnout. How Organizations Cause Personal Stress and What to Do About It. San Francisco (Jossey-Bass).

McWinney, W. (1997): Paths of Change. Strategic Choices for Organizations and Society. Thousand Oaks (Sage).

Merl, H. (1993): Das Gesundheitsbild – ein (neues) Psychotherapeutikum. *Praxis der Psychotherapie und Psychosomatik.*

Merl, H. (2002a): Der Traum vom gelungenen Selbst (Teil 1). *Psychotherapie Forum* 9 (4): 145–161.

Merl, H. (2002b): Der Traum vom gelungenen Selbst (Teil 2). *Psychotherapie Forum* 10 (1): 46–63.

Merl, H., H. Mezgolich u. J. Hüpf (1988): Die Arbeit mit dem Reflecting Team. *System Familie* 1: 244–253.

Mittelmann, A. (1997): The Implementation of a Measurement Plan in an Industrial Environment. In: F. Lehner (ed.): Software Metrics: Research and Practice in Software Measurement. Wiesbaden (Gabler).

Mittelmann, A (1998): Organisationales Lernen und Geschäftsprozessmanagement. (Institutsbericht 98.01.) Linz (Institut für Wirtschaftsinformatik/Information Engineering, Universität Linz).

Literatur

Mittelmann, A. (2002): Wissensmanagement in der Praxis. Wien (future networks Symposium). Verfügbar unter http://www.future-network.at/dokument_1a.asp?pid=197 [26.9.2002].

Mittelmann, A. et al. (1996): Das ami-Vorgehensmodell in der Praxis. *Wirtschaftsinformatik* 48: 601–607.

Mittelmann, A. et al. (2000): Geschäftsprozesse mit menschlichem Antlitz: Methoden des Organisationalen Lernens anwenden. (Schriftenreihe Wissens- und Prozessmanagement. Bd. 1.) Linz (Trauner).

Morgan, G. (1993): Imaginization. The art of creative management. Newbury Park, CA (Sage).

Morgan, G. (1997): Images of organization. Newbury Park, CA (Sage).

Morgan, G. (1998): Löwe, Qualle, Pinguin. Imaginieren als Kunst der Veränderung. Stuttgart (Klett Cotta)

MWOnline: Ideenfabrik Wissensmanagement. Verfügbar unter: http://www.mwonline.de/Tippswissensmanagement.htm. [8.1.2001].

Nagel, R., M. Oswald u. R. Wimmer (1999): Das Mitarbeitergespräch als Führungsinstrument. Ein Handbuch der OSB für Praktiker. Stuttgart (Klett-Cotta).

Nefiodow, L. A. (2001): Der sechste Kondratieff. Wege zur Produktivität und Vollbeschäftigung im Zeitalter der Information. Sankt Augustin (Rhein-Sieg).

Niedermair, K. (2000): Metaphernanalyse. Verfügbar unter: http://info.uibk.ac.at/c108/c10803/metaphernanalyse.pdf [3.10.2000].

Nonaka, I. u. H. Takeuchi (1997): Die Organisation des Wissens: Wie japanische Unternehmen eine brachliegende Ressource nutzbar machen. Frankfurt a. M. (Campus).

O'Hanlon, B. (1999): Do One Thing Different and Other Uncommonly. Sensible Solutions to Life's Persistent Problems. New York (William Morrow).

Owen, H. (2001): The Spirit of Leadership. Führen heißt Freiräume schaffen. Heidelberg (Carl-Auer).

Preissler, H. et al. (1997): Haken, Helm und Seil: Erfahrungen mit Instrumenten des Wissensmanagements. *Organisationsentwicklung* 2: 4–16.

Probst, G. u. M. Eppler (1998): Persönliches Wissensmanagement in der Unternehmensführung – Ziele, Strategien, Instrumente. *Zeitschrift für Organisation* 3: 147–151.

Radatz, S. (2001): Beratung ohne Ratschlag. Wien (Institut für systemisches Coaching und Training).

Reichel, R. (2004): Salutogenese nach Aaron Antonovsky. Paper Universitätslehrgang MSc „Psychosoziale Beratung" an der Donau-Universität Krems.

Reinmann-Rothmeier, G. (2001): Wissen managen: Das Münchener Modell. (Forschungsbericht Nr. 131.) München (Lehrstuhl für Empirische Pädagogik und Pädagogische Psychologie, Ludwig-Maximilians-Universität).

Reinmann-Rothmeier, G., C. Erlach u. A. Neubauer (2000): Erfahrungsgeschichten durch Story Telling – Eine multifunktionale Wissensmanagement-Methode. (Forschungsbericht Nr. 127.) München (Ludwig-Maximi-

Literatur

lians-Universität, Lehrstuhl für Empirische Pädagogik und Pädagogische Psychologie).

Revans, R. W. (1980): Action Learning. London (Blond & Briggs).

Rice, A. K. (1971): Führung und Gruppe. Stuttgart (Klett-Cotta).

Ridderstrale, J. u. K. Nordström (2000): Funky Business: Talent Makes Capital Dance. London (ft.com). [Dt. (2000): Funky business. Wie kluge Köpfe das Kapital zum Tanzen bringen. München (Prentice Hall).]

Rittberger, M. u. F. Zimmermann (2000): Wirtschaftliche und kommunikative Aspekte eines internen Kommunikationsforums in einem Unternehmen der Medienindustrie. Verfügbar unter: http://www.inf-wiss.uni-konstanz. de/People/MR/pubs/prowitec2000.html [6.4.2001].

Rossi, E. u. D. Nimmons (1993): 20 Minuten Pause: Wie Sie seelischen und körperlichen Zusammenbruch verhindern können. Paderborn (Junfermann).

Rüegg-Stürm, J. (2002): Das neue St. Galler Management-Modell, Grundkategorien einer integrierten Managementlehre: Der HSG-Ansatz. Bern/ Stuttgart/Wien (Haupt).

Scala, K. (2005): Begleitgespräche zur Masterthese: W. Geisbauer (2005).

Scala, K. u. R. Grossmann (1997): Supervision in Organisationen. Veränderungen bewältigen – Qualität sichern – Entwicklung fördern. Weinheim (Juventa).

Schaefer, H. (2002): Vom Nutzen des Salutogenesekonzepts. München (Daedalus).

Scharmer, C. O. (2000): Presencing: Learning from the future as it emerges. (unveröffentl. Manuskript). Verfügbar unter: http://www.ottoscharmer. com/downloads2.htm.

Schiffer, E. (2001): Wie Gesundheit entsteht. Salutogenese: Schatzsuche statt Fehlerfahndung. Weinheim/Basel (Beltz).

Schlippe, A. von u. J. Schweitzer (1996): Lehrbuch der systemischen Therapie und Beratung. Göttingen/Zürich (Vandenhoeck & Ruprecht).

Schmidt, G. (1998): Systemische Beziehungschoreografien. [MC.] Heidelberg (Carl-Auer).

Schmidt, G. (2000): Führung als kooperativer Tanz. Vortragsmitschrift, 1. Weltkongress für systemisches Management, Wien, 1.–6. Mai 2001.

Schmidt, G. (2001): Hypnosystemische Teamentwicklung. Auf dem Weg zum Dream Team. *Lernende Organisation* 2: S. 6–17. [Wiederveröffentl. (2004): Das Team als Kompetenz-Treibhaus. Hypnosystemische Teamentwicklung. In: G. Schmidt: Liebesaffären zwischen Problem und Lösung. Hypnosystemisches Arbeiten in schwierigen Kontexten. Heidelberg (Carl-Auer).]

Schober, H. (2000): Unternehmenskultur gegen den Strich gebürstet. *Hernsteiner* 13 (3): S. 12.

Schober, H., M Schulte-Derne et al. (1995): Methodenhandbuch für Strategisches Management. Wien (CONECTA).

Schüffel, W. u. U. Brucks et al. (1998): Handbuch der Salutogenese. Konzept und Praxis. Wiesbaden (Ullstein Medical).

Literatur

Schulz von Thun, F. (2003): Praxisberatung in Gruppen. Weinheim (Beltz).
Senge, P. M. (1992): The fifth discipline: The art and practice of the learning organization. Kent (Doubleday) [Dt. (2003): Die fünfte Disziplin. Kunst und Praxis der lernenden Organisation. Stuttgart (Klett-Cotta), 9. Aufl.]
Senge, P. (1996): Das Fieldbook zur Fünften Disziplin. Stuttgart (Klett-Cotta).
Shazer, S. de (1989): Der Dreh. Überraschende Wendungen und Lösungen in der Kurzzeittherapie. Heidelberg (Carl-Auer), 9. Aufl. 2006.
Shazer, S. de (1994): Das Spiel mit Unterschieden. Wie therapeutische Lösungen lösen. Heidelberg (Carl-Auer), 5. Aufl. 2006.
Simon, F. B. (1995a): Die Funktion des Organisationsberaters – Einige Prinzipien systemischer Beratung. In: G. Walger (Hrsg.): Formen der Unternehmensberatung: systemische Unternehmensberatung, Organisationsentwicklung, Expertenberatung und gutachterliche Beratungstätgikeit in Theorie und Praxis. Köln (Schmidt), S. 284–300
Simon, F. B. (1995b): Meine Psychose, mein Fahrrad und ich. Zur Selbstorganisation von Verrücktheit. Heidelberg (Carl-Auer), 10. Aufl. 2004.
Simon, F. B. (1996): Systemische Beratung. Heidelberg (Unveröffentl. Seminarunterlage, Grundkurs 96).
Simon, F. B. (1997): Die Kunst, nicht zu lernen – und andere Paradoxien in Psychotherapie, Management, Politik. Heidelberg (Carl-Auer), 3. Aufl. 2002.
Simon, F. B., U. Clement u. H. Stierlin (1999): Die Sprache der Familientherapie. Ein Vokabular. Stuttgart (Klett-Cotta).
Simon, F. B. u. C. Rech-Simon (1999): Zirkuläres Fragen. Systemische Therapie in Fallbeispielen: Ein Lernbuch. Heidelberg (Carl-Auer), 6. Aufl. 2004.
Simon, F. B. et al. (1992): Radikale Marktwirtschaft. Grundlagen des systemischen Managements. Heidelberg (Carl-Auer), 5. Aufl. 2005.
Spitzer, M. (2004): Selbstbestimmen. Gehirnforschung und die Frage: Was sollen wir tun? Heidelberg/Berlin (Spektrum Akademischer Verlag).
Staeheli, J. (2000): Knowledge Networking bei Novartis: Ein Who's who internen Wissens. *Personalführung* 1: 41.
Staute, J. (1996): Der Consulting-Report. Die Wahrheit über die Beraterzunft. Frankfurt a. M. (Campus).
Tomm, K. (1985): Positive Connotation Requires Coherence and Authenticy. (Presentation at the 1985 AAMFT Annual Conference).
Tomm, K. (1994): Die Fragen des Beobachters. Schritte zu einer Kybernetik zweiter Ordnung in der systemischen Therapie. Heidelberg (Carl-Auer), 4. Aufl. 2004.
Varga von Kibéd, M. u. I. Sparrer (2000): Ganz im Gegenteil. Tetralemmaarbeit und andere Grundformen Systemischer Strukturaufstellungen – Für Querdenker und solche, die es werden wollen. Heidelberg (Carl-Auer), 5. Aufl. 2005.
Walter, J. L. u. J. E. Peller (1996): Lösungsorientierte Kurztherapie. Ein Lehr- und Lernbuch. Dortmund (Modernes Lernen).
Watzlawick, P. (1991): Die Möglichkeit des Andersseins. Zur Technik der therapeutischen Kommunikation. Bern/Stuttgart/Toronto (Hans Huber).

Literatur

Watzlawick, P. (1998): Wenn die Lösung zum Problem wird. Vortrag, gehalten am 5. Mai 1998 im Bildungshaus Puchberg bei Wels/Österreich

Watzlawick, P. (2003): Vom Unsinn des Sinns oder vom Sinn des Unsinns. München (Piper Verlag).

Watzlawick, P. u. G. Nardone (Hrsg.) (1999): Kurzzeittherapie und Wirklichkeit. München/Zürich (Piper).

Watzlawick, P., J. H. Weakland, R. Fisch (1974): Lösungen. Zur Theorie und Praxis menschlichen Handelns, Bern (Hans Huber).

Weber, G. (Hrsg.) (1998): Praxis des Familien-Stellens. Beiträge zu systemischen Lösungen. Heidelberg (Carl-Auer), 3. Aufl. 2000.

Weber, G. (Hrsg.) (2000): Praxis der Organisationsaufstellungen. Grundlagen, Prinzipien, Anwendungsbereiche. Heidelberg (Carl-Auer), 2. Aufl. 2002.

Weick, K. E. (1985): Der Prozess des Organisierens. Frankfurt a. M. (Suhrkamp).

Weick, K. E. (2001): „Drop your Tools!". In: T. Bardmann et al. (Hrsg.): Zirkuläre Positionen 3. Organisation, Management und Beratung. Opladen (Westdeutscher Verlag), S: 123–138.

Weisbord, M. a. S. Janoff (1995): Future Search. An Action Guide to Finding Common Ground in Organizations & Communities. San Francisco (Berrett-Koehler).

zur Bonsen, M. (2000): http://www.all-in-one-spirit.de/all/matthias.htm [1.9.2000].

Über die Autoren

Ernst Aumüller
1957 geboren, Diplompädagoge, über acht Jahre im Personal- und Bildungsmanagement eines großen Automobilkonzerns tätig, seit 1996 selbständiger Organisationsberater und Führungskräftetrainer, seit 2001 Reteaming-Coach-Trainer.
Interessensschwerpunkte: Optimierung der Leistungsfähigkeit von Teams durch die Balance von Mitarbeiterinteressen und Zielorientierung, Erhaltung oder Wiedergewinnung der Work-Life-Balance, wertschätzende und konsequente Mitarbeiterführung.

Markus Gappmaier
Dr., geb. 1961; Diplom- und Doktoratsstudien der Betriebswirtschaftslehre; von 1994 bis 2000 Leiter des Linzer ipo-Kompetenzzentrums Wissens- und Prozessmanagement; gleichzeitig Berater, Trainer und Projektleiter; seit 1997 Leiter von internationalen Zertifizierungsprogrammen Ganzheitliches Geschäftsprozessmanagement; von 2000 bis 2003 Visiting Associate Professor (IS) an der Marriott School of Management (Brigham Young University); danach BYU-Adjunct Associate Professor sowie Chief Process Officer und Senior Vice President der amerikanischen K-Tec, Inc./GappBridging; Reteaming-Coach und Trainer.

Gerhard Hochreiter
Dr., 1970 geboren, Geschäftsfeldleiter bei Delta Consulting.
Interessens- und Tätigkeitsschwerpunkte: systemische Organisationsberatung, Begleitung komplexer Veränderungsprozesse, Large Group Interventions, Wissensmanagement, Teamentwicklung/Reteaming.

Über die Autoren

Harry Merl
Dr., 1931 geboren, praktischer Arzt und Facharzt für Psychiatrie und Neurologie, Pionier der systemischen Familientherapie in Österreich, Universitätsdozent für Psychotherapie an den Universitäten Graz und Wien, Lehrbeauftragter an der Universität Linz. Ehemals Primar und Leiter des Institutes für Psychotherapie an der Landesnervenklinik Wagner-Jauregg, Linz. Zahlreiche Publikationen.

Interessensschwerpunkte: Systemerkennung und -veränderung, Humanökologie, Erhaltung und Wiederherstellung von Gesundheit sowie das Arbeiten mit dem „Reflecting Team".

Angelika Mittelmann
Diplomingenieurin Dr., 1957 geboren, seit 1997 interne Organisationsentwicklerin in der Voestalpine Stahl GmbH, davor im selben Unternehmen in unterschiedlichen Aufgabenstellungen der IT tätig, zertifizierter Reteaming-Coach, Spezialausbildung Großgruppeninterventionen bei Matthias zur Bonsen, Lehrbeauftragte am Fachhochschul-Studiengang Information and Knowlegde Management in Eisenstadt und an der Donauuniversität Krems, Trainerin und Mitglied des Beirates der Knowledge Management Academy.

Interessensschwerpunkte: ganzheitliche Gestaltung von Veränderungsprozessen, ganzheitliches Geschäftsprozessmanagement, Wissens-, Innovations- und Kompetenzmanagement.

Thomas Pollmann
geb. 1964; Studium der Psychologie in Wien, Wirtschafts- und Organisationspsychologe; Geschäftsführender Gesellschafter der S&P – soft skill projects – Schadler & Pollmann GnbR (Soft-Skill-Analysen). Lehrbeauftragter an der FH St. Pölten in den Studiengängen Telekommunikation & Medien bzw. Medienmanagement und Lehrbeauftragter am Insitut für Psychologie der Universität Wien.

Peter Wagner
geb. 1964; Studium der Handelswissenschaften in Wien, dreijährige Ausbildung als Organisationsberater in Deutschland, einjährige Weiterbildung als systemischer Organisationstrainer in Österreich; Journalistenausbildung beim Kuratorium für Journalistenausbildung in Wien und Salzburg; 1993–1994 Aufbau der Fachzeitschrift Führungspraxis – Unternehmensführung in Klein- und Mittelbetrieben beim WEKA-Verlag in Wien; 1995 Gründung der Fachzeitschrift *Unternehmensentwicklung.*

Über den Herausgeber

Wilhelm Geisbauer, MSc, 1952 geboren, Studium psychosoziale Beratung, vom Ursprungsberuf Lehrer, dann viele Jahre Geschäftsführer eines in Österreich marktführenden Produktionsunternehmens. Systemische Beraterausbildung bei Fritz B. Simon, Ben Furman, Tapani Ahola, Steve de Shazer, Bill O'Hanlon und Harry Merl. Seit 1996 selbstständiger Organisationsberater, Koordinator der Reteaming-Coach-Ausbildungsaktivitäten seit 1998 im Auftrag von *reteaming international*, Helsinki, in den Ländern Deutschland, Österreich und Schweiz. Gründer des Reteaming-Institutes in Scharnstein, Österreich.

Interessensschwerpunkte: humane Gestaltung von Veränderungs- und Entwicklungsprozessen in Organisationen aller Art, Aus- und Weiterbildung von Führungskräften, Gesundheitsberatung.

Kontakt: *Wilhelm Geisbauer, A-4644 Scharnstein, Promenade 9*
reteaming@geisbauer.com
www.geisbauer.at

Ben Furman | Tapani Ahola

Twin Star – Lösungen vom anderen Stern

Zufriedenheit am Arbeitsplatz als Zwilling des Erfolgs

141 Seiten, 12 Abb., Gb, 2004
ISBN 10: 3-89670-440-0
ISBN 13: 978-3-89670-440-5

„Der Ansatz macht Mut: Statt Probleme zu wälzen und sich in Analysen zu verlieren, fordern die Psychologen und Unternehmensberater Ben Furman und Tapani Ahola in puncto Betriebsklima das Aufzeigen von Lösungen. Die beiden treffen damit den Nerv der Zeit.
Das Buch ist allen Unternehmern und Managern mit Personalverantwortung zu empfehlen, um zu überprüfen, ob manche Probleme vielleicht erst dadurch zum Problem wurden, weil zu oft über sie gesprochen wurde."

www.getabstract.de

„Das Buch ist leicht eingängig geschrieben und didaktisch gut aufgebaut. Die wertschätzende Grundhaltung, die dem beschriebenen Vorgehen zugrunde liegt, zieht sich wie ein roter Faden hindurch und wird dem Leser spürbar. Ich empfehle es sowohl zum Selbststudium wie auch für Supervision und kollegiale Beratung."

C. Tsirigotis, Systhema

Juliane Sagebiel | Edda Vanhoefer

Es könnte auch anders sein

Systemische Variationen der Teamberatung

192 Seiten, Gb, 2006
ISBN 10: 3-89670-529-6
ISBN 13: 978-3-89670-529-7

Juliane Sagebiel und Edda Vanhoefer demonstrieren in diesem Buch, wie sich die Entwicklung von Teams erfolgreich anstoßen, fundiert unterstützen und zielgerichtet begleiten lässt. Sie skizzieren dazu die Grundzüge der Beratung von Teams, vermitteln die erforderlichen theoretischen Grundlagen und illustrieren den Transfer in die Praxis an konkreten Beispielen.

Das Spektrum der behandelten Themen reicht vom „Teambuilding" bis zur Bewältigung von Konflikten und ist für die Beratung in Großkonzernen ebenso ergiebig wie für mittelständische Firmen oder soziale und staatliche Einrichtungen. Der unterschiedliche Hintergrund der Autorinnen als Organisationsberaterin bzw. Professorin für Sozialwesen erweist sich als Glücksfall.

„Auf dem Hintergrund einer gut fundierten Theorie bietet dieses Buch eine Fülle von praxiserprobten Anregungen für die Gestaltung von Teams, sei es von einzelnen Workshops oder ganzen Entwicklungsprozessen. Die zahlreichen Praxisbeispiele zeigen, wie das Instrumentarium situationsgerecht angepasst werden kann, und geben Mut für die eigene Arbeit."
Michael Fuchs, Präsident Mind & Business Institute

Gerhard Hochreiter
Choreografien von Veränderungsprozessen
Die Gestaltung von komplexen Organisationsentwicklungen

ca. 288 Seiten, Gb
2., überarb. Aufl. 2006
ISBN 10: 3-89670-361-7
ISBN 13: 978-3-89670-361-3

Unternehmen sind heute mehr denn je einer turbulenten Veränderungsdynamik ausgesetzt: immer mehr, immer schneller und gleichzeitig ablaufende Change-Initiativen prägen die Unternehmen. Das Thema Organisationsentwicklung und Change Management erfährt daher immer mehr Bedeutung.

Dieses Buch befasst sich anhand von vier Case Studies aus der Praxis mit den Gestaltungsmöglichkeiten von komplexen Organisationsveränderungsprozessen. Der Autor stellt sowohl auf das Handwerk als auch auf die Kunst der Organisationsentwicklung ab: Auf der einen Seite bietet dieses Buch sehr pragmatisch Praxisbeispiele, Gestaltungsanleitungen und Checklists für die Praxis. Auf der anderen Seite liegt die zentrale Paradoxie von Change Management – Einfluss zu nehmen auf prinzipiell nicht vollends durchschaubare und planbare Prozesse – kontinuierlich im Fokus.

„Dieses Buch ist als gelungene Balance von Theorie und Praxis ausgelegt. Es liest sich als gute Mischung aus vielen Handlungsanleitungen, Beispielen und gate ways für die Praxis auf der Basis einer gut fundierten und pointierten systemischen Theorie-Landkarte zur Organisationsentwicklung."

www.socialnet.de

www.carl-auer.de

Peter Steinkellner

Systemische Interventionen in der Mitarbeiterführung

359 Seiten, Kt, 2005
ISBN 10: 3-89670-347-1
ISBN 13: 978-3-89670-347-7

Ist systemische Mitarbeiterführung möglich? Steinkeller gibt hier einen Überblick über systemische Führungsansätze und diskutiert, aufbauend auf seiner empirischen Studie, systemische Interventionen als Führungsinstrument. Systemisches Führen wird hierbei weniger als eine Frage der Theorie oder des Stils, sondern als eine Frage der Grundhaltung gesehen.

Das Buch zeigt, dass systemische Führung von Mitarbeitern nicht nur möglich, sondern auch erfolgversprechend ist. Steinkellner liefert keine einfache Handlungsanleitung nach dem Motto: „Wie führe ich ab morgen systemisch?", sondern gibt Anregungen für den Umgang mit Führungssituationen. Sie helfen Führungskräften, ihren eigenen systemischen Führungsstil zu (er)finden.

Carl-Auer Verlag